入社1年目から差がつく

ロジカル・シンキング練習帳

グロービス［著］
岡 重文［執筆］

東洋経済新報社

まえがき

●「ロジカル・シンキング」ができる人とは？

本書で紹介する思考の技術は、十数年の間、社会人のみなさんとクラスの場で多くの演習、並びにディスカッションをする中でみえてきたものです。「つい陥ってしまう思考の罠」や、逆に、「ちょっと意識しておくだけで成果が大きく違ってくるポイント」です。「ロジカル・シンキング」ができる人は、実はこうしたちょっとした「罠」や「ポイント」をしっかりと理解し、思考できる人たちです。

本書は、「ロジカル・シンキング」に初めて触れる人、これから社会人生活をスタートさせる人へ向けての入門書です。当たり前のことではあるものの、意外に難しく、そして実は重要……そんなポイントを20個、ピックアップしました。

●重要性を増す「プログラミング・AI」もカバー

20個のポイントは、担当している複数の科目から選択をしました。その結果、いわゆる「論理思考」と「コミュニケーション」の領域にとどまらず、「数字」についての扱いや、今後、より重要性を増してくる「プログラミング・AI」といった要素をカバーしている点が特徴です。全体は5つの章で構成しています。

・CHAPTER 1 は、「まず「根拠」から考える」

「ロジカル」の基本にあたる内容です。他の4つの領域すべてに関連するテーマであり、【土台】となる頭の使い方です。

・CHAPTER 2 は、「「何が起こっているか」正しく認識する」

「ロジカル」であるための出発点となる内容です。何らかの思考をスタートさせる【起点】となる頭の使い方です。

・CHAPTER 3 は、「「数字」に仕事をさせる」
「ロジカル」である人は、数字を上手く使うことができます。「数字」を上手く【活用】するための頭の使い方です。

・CHAPTER 4 は、「上手く「伝え」、上手く「聞く」」
「ロジカル」に自分で考えられるだけでは、成果につながりません。【相手】とのコミュニケーションにおいて必要となる頭の使い方です。

・CHAPTER 5 は、「コンピュータを味方にする」
「ロジカル」は、コンピュータが得意な領域です。これから必要となってくる【今後】へ向けた頭の使い方です。

【土台】→【起点】→【活用】→【相手】→【今後】と順に理解を進められる流れになっています。

●頭でわかっていても実践できなければ意味がない

1つ1つの思考技術は、いずれも基本的なことです。読んでしまえば、当たり前のことと感じる方も少なくないでしょう。ただ、基本的なことは、得てして、頭ではわかっているけど、いざやってみようとするとできないものです。そこで、本書では、わかることとできることを少しでも近づけていくために、3つのステップで理解を進められるようにしました。

まず、どのように考えればよいのかを例題と共に解説しています。また、どのように頭を使っていけばよいのかを手順化して示しています。基本となる考え方についての理解と方法を押さえてください。

次に、「演習問題」を用意しました。例題を通じて、頭で理解できたことを、自分の頭を使って、実際に考えてみることができるようになっています。読み進めてしまうのではなく、たとえ、1分でも2分でも、ちょっと考えてみることをお勧めします。

最後に、さらに理解を進めるために、関連するポイントや発展させた考え方を紹介しています。

また、象徴的な頭の使い方をできる限り図示化したこと、そして、20の思考技術ごとにポイントを5つにまとめましたので、日々活用する際にご利用ください。

●自分の思考を客観視することを意識しよう

本章に入っていく前に、そのすべてに共通する大切な頭の使い方を紹介しておきましょう。それは、「自分自身の考え」に対して、客観視して捉えなおすことができるということです。いわば、もう一人の自分を出現させて、自分の思考に対して、きちんと評価をさせるというイメージです。「メタ(高次の)認知」という言い方などもされます。普通に思考をしているレベルから、次元をあげて、俯瞰的に物事を捉えることと理解してください。

このメタ的な頭の使い方ができると、自分の思考に対して、自身でフィードバックを入れることができます。そうすることによって、自分自身の思考の質を高めることができます。また、相手がいる場においても「その場」で議論している自分と、その場で何が起こっているのかを客観的に理解しようとするもう一人の自分を置くことができます。その結果、議論の背景の理解や、そもそも論じなければならないことなどを考えやすくなります。

得てして、人は、自分自身が何を考えているかが、わかっていないものです。意識的に、もう一人の自分を育て、自分自身の思考をチェックさせられるようになることが、「ロジカル・シンキング」を身につける近道になります。

ここからは、もう一人の自分を育てながら、20の技術を読みすすめていきましょう！

自分自身の思考を客観視できるもう一人の自分を育てる！

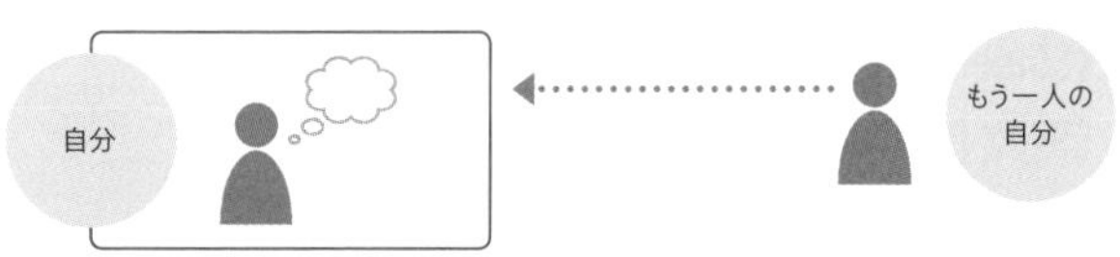

CONTENTS

CHAPTER

1

まず「根拠」から考える

「ロジカル」に考えるために一番重要なことは、「根拠」をしっかり考えられること。この一言につきると言っても過言ではありません。誰しも自分の言いたいこと＝「主張」は、しっかりと持ちますし、伝えようとします。一方で、その「主張」に対して、「なぜならば」と「根拠」をきちんと添えられる人は実は多くありません。また、逆に、あの人の言うことは説得力があるという場合には、この「根拠」がしっかりしています。この章では、「根拠」について、何を意識しておけばよいのかを学んでいきます。

LESSON 01

根拠を具体化する

根拠には具体性を持たせよう、事例も添えて具体化しようということは言われます。しかし、どうしたら具体化できるのかについては、あまり考えられていないものです。根拠を具体化するためには、いったいどうしたらよいのでしょうか。

新設された部署に配属されたあなた。新しい役割に張り切っています。そんな中、課長から、キックオフのための合宿を企画して欲しいと依頼されました。どこに行くかを決めなければなりません。

そこで、箱根を候補とし、根拠を2つ、考えてみました。どちらの説得力が高いでしょう？

Ⓐ多くの社員が行きたいに違いないので、部門合宿は、箱根がよい
Ⓑ多くの社員が行きたいと言っていたので、部門合宿は、箱根がよい

Ⓐの「行きたいに違いない」は自分の推測であって主観。一方、Ⓑの「行きたいと言っていた」は、客観的な事実です。根拠が、主観によって支えられているか、客観的な事実で支えられているかの違いです。多くの人が納得できるのは、主観よりは客観。主張を支える根拠には、客観性のある事実を示すようにしましょう。

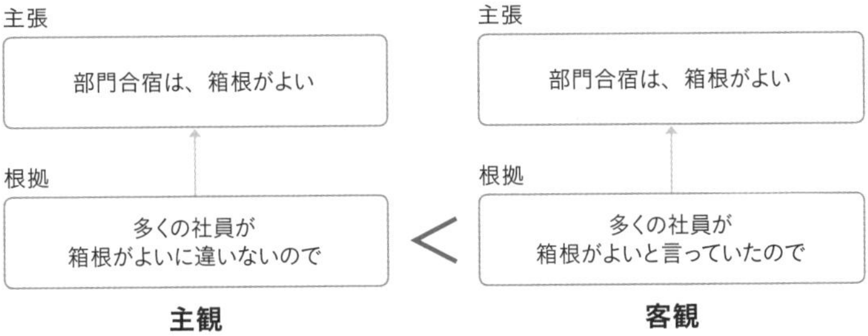

では、「多くの社員が行きたいと言っていたので、部門合宿は、箱根がよい」をさらに具体化するためには、どう考えればよいでしょうか。

たとえば、「多くの社員」とは、実際に何人で、社員全体の何割ぐらいなのか、「行きたいと言っていた」のはどのような状況での発言なのかについて説明されているとよいでしょう。客観的な事実をさらに具体化することで、説得力を高めることができます。具体化のためのポイントは2つです。

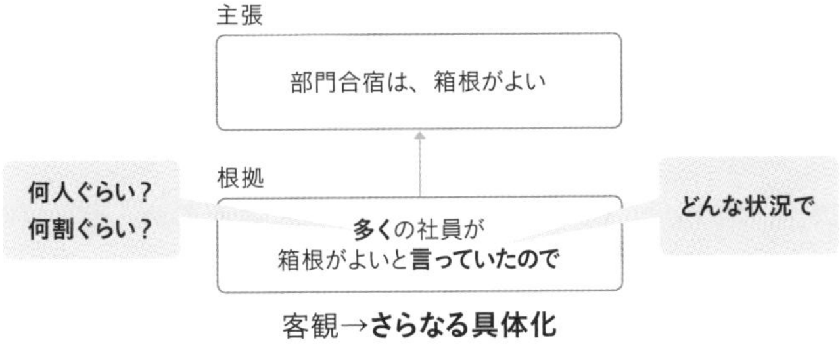

POINT

❶ 根拠の内容を分解し、どういう要素から構成されているのかを押さえる

❷ 構成要素ごとにどのように具体化できるかを考える

先ほどの例題を使いながら、それぞれについて詳しく説明していきます。

❶根拠の内容を分解し、どういう要素から構成されているのかを押さえる

主張である「部門合宿は、箱根がよい」に対する根拠は、「多くの社員が箱根がよいと言っていた」からでした。根拠の内容を分解すると、「多くの社員」ということと「箱根がよいと言っていた」という2つの要素から成り立っていることがわかります。

❷構成要素ごとにどのように具体化できるかを考える

それぞれの要素ごとにどのように具体化が可能かを考えてみましょう。

まず「多くの社員」を具体化するためには、「多く」がどの程度多かったのか、具体的に何人だったのかを提示することができます。また、人数だけではなく、社員のどのくらいの割合の人たちが言っていたのかを示すこともできます。

次に「箱根がよいと言っていた」については、どのような状況下で箱根がよいと言っていたのかを具体的にすることができます。「部門合宿はどこがよいのか?」ということを議題にした会議の中での発言なのか、飲み会の席で何となく盛り上がった際の発言なのかによっても説得力が違ってきます。

具体化するためには、**何を具体化することができるのか、その要素を明らかにすること。**そして、**要素ごとにどう具体化ができるのかを考えましょう。**

今回は、「多く」について、具体的に「人数や割合を付与すること」、つまり**「定量的な情報を付与する」という具体化の方向性がある**ということです。

また、「言っていた」については、具体的に「どのような状況での発言だったのか」について言及すること、つまり**「状況の提示」という具体化の方向性がある**ということになります。

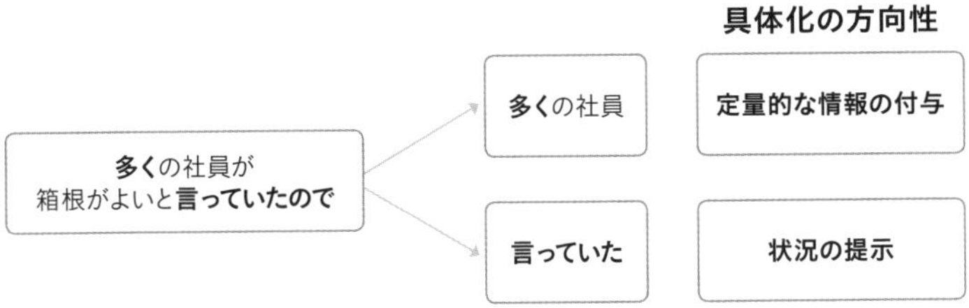

演習問題

主張「部門合宿は、箱根がよい」ということを根拠づけるために、「多くの社員が行きたいと言っていた」以外の根拠を考えました。

Ⓐ 費用が安いので、箱根がよい
Ⓑ 友達と行ったことがあるので、箱根がよい

Ⓐ、Ⓑ、それぞれの説得力をあげるためには、どうすればよいでしょうか。

解答

まず、Ⓐについては「費用が安い」ということに、定量情報の付与ができそうです。具体的にいくらなのか、たとえば、「一人2万円と費用が安いので、箱根がよい」といったように具体的な金額が示せるとよいでしょう。

次にⒷについては「友達と行ったことがある」ということに、状況提示の方向で具体化できそうです。たとえば、「前職の同僚と行ったことがあるので箱根がよい」の方が、より説得力が高まります。

STEP UP!

ここまで考えてきたことの全体を、最後に整理しておきましょう。最初に確認したことは、「**主観より客観がよい**」、「**客観情報は、具体的な方がよい**」ということでした。

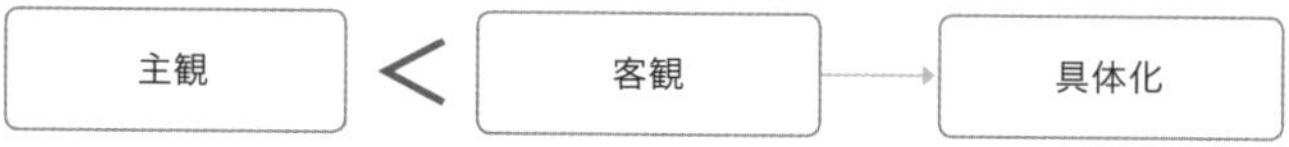

ただ、このレベルで思考が止まってしまうと、「具体化」というキーワードだけの認識でそれ以上には思考が進みません。ここからさらに進むためには、どうしたらよいでしょうか。

演習問題を例に考えてみましょう。

「一人2万円」と数字が示されることで具体性はあがりますが、その**数字がよいのか悪いのかがわからないという点に工夫の余地が残っています。**

他の候補地との比較において安いということを示す、予算内に入っているといった基準を示す、などといった工夫がされるとより説得力が増してきます。

定量的な情報は、その数字だけでは判断できません。定量的な情報を示す際には、数値そのものとその数字を評価するための情報も揃えましょう。

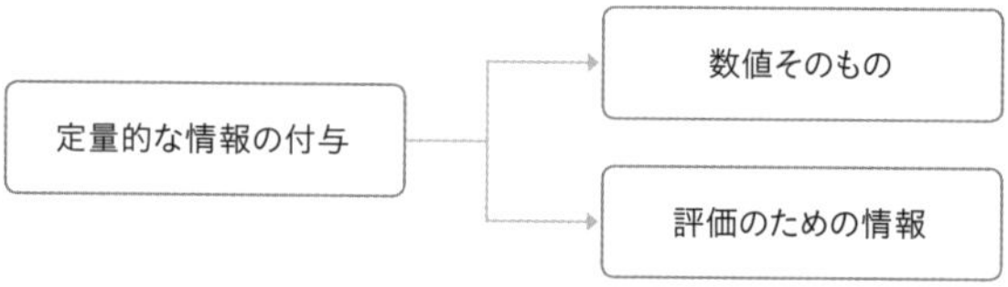

また、Ⓑの「前職の同僚と行ったことがある」についても、さらに具体化ができそうです。

「前職の同僚」と「行ったことがある」それぞれの要素についてどうあればよいのかを考えてみましょう。

まず、「前職の同僚」についてです。新しい部門での合宿として適切だ、ということが最終的に言いたいことです。したがって、前職は、たとえば、同業種であったなどということが言えると、聞き手は安心できそうです。また、同僚や前の部署についても、今回の部署と似た人員構成であるなどということが言えるとよいでしょう。つまり、対象の類似性が訴求できるとよいということになります。

次に「行ったことがある」についてです。これは、「いつ」行ったかがポイントになります。10年前のことなのか、3年前のことなのか、どちらがよいのかということです。何年前ならよいのかという程度の問題はありますが、最近のことであるということが示せるとよいでしょう。つまり、時間の近接性が訴求できるとよいということになります。

このように「状況の提示」については、対象そのものがどれだけ似ているか（対象の類似性）、時間軸としてどれだけ最近のものなのか（時間の近接性）といった視点で具体化を考えていく必要があるということになります。

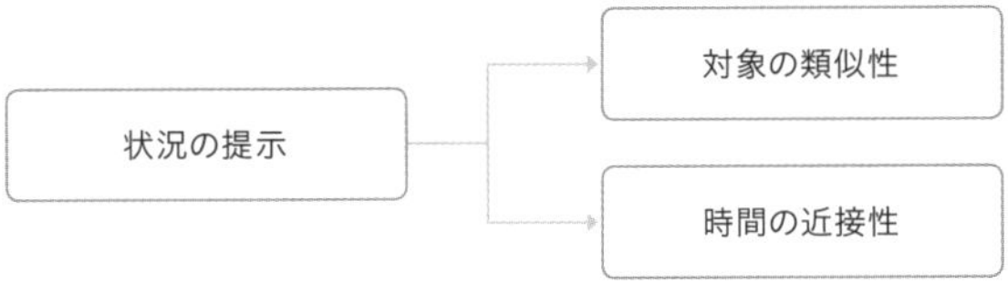

思考の粒度を細かくすることは、労力もかかりますし、難しいものです。その結果、どうしても、「何となくこんな感じ」、今回のケースでは、「具体化できるといいよね」というレベルで思考を停止してしまいがちです。

だからこそ、もう一歩、踏み出して、具体的に考えられることが、説得力を高めることにつながります。またそれは、思考力を鍛えることにもつながります。考えがまとまったレベルからもう一歩、二歩深めて考えるという姿勢を常に持っておくようにしましょう。

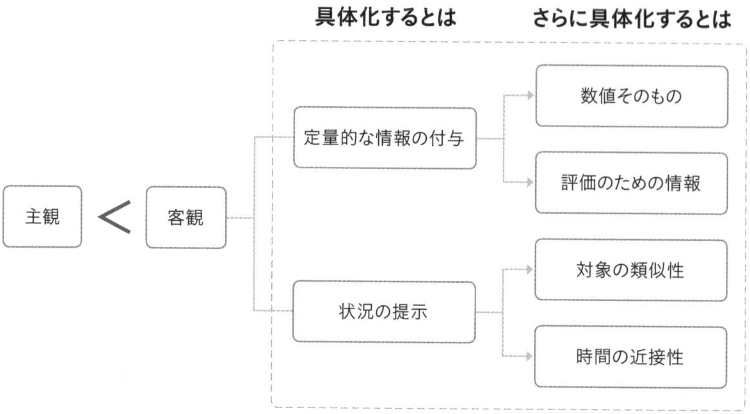

まとめ

- 根拠には主観ではなく客観的な事実を用意する
- 具体化は根拠の構成要素ごとに行う
- 具体化の方向性は、定量的な情報の付与と状況の提示
- 定量的な情報の付与には、数値そのものと評価のための情報があるとよい
- 状況の提示は、対象の類似性や時間の近接性を意識すること

LESSON 02

立体的な根拠にする

主張を支える根拠は、ひとつでは頼りないもの。複数の根拠で支えることで説得力は高まります。ただし、闇雲に増やすのではなく、横の広がりと縦の広がりの2つを意識し、立体的に広げていくことができるようにしておきましょう。では、立体的に広げるとはいったいどういうことなのでしょうか。

新年度から始まるプロジェクトで、上司から誰がキーパーソンになりそうかと尋ねられました。直観的に、「Aさんが新規プロジェクトで活躍するだろう」と思うのですが、きちんと根拠づけていかなければ説得力がありません。

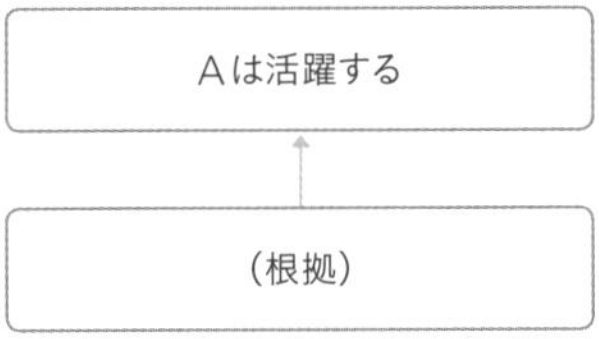

まず思いついたのは、Aさんには、実績があるということ。確かに、実績があるということは根拠になりそうです。一方で、「活躍する」ということを言うためには、その実績が「活かせる」ということまでを言う必要があります。

たとえば経験してきた環境と現在の環境が近いということが言えると過去の経験が今回も活かせそうです。逆に全く異なる環境下では、経験も活かせる範囲が限定されてしまいます。

他に、「能力があるからＡさんは活躍する」という根拠を思いついたとしましょう。能力も確かに重要な要素、これも根拠になりそうです。ただ、能力だけでよいのかと考えると、他にも必要なものがありそうです。よく、能力と対で考えられるのが、意志。気持ちが揃っていないと十分にパフォーマンスが発揮できない可能性があります。

このように、根拠はひとつではなく、必ず複数で考えるようにしましょう。ポイントはひとつです。

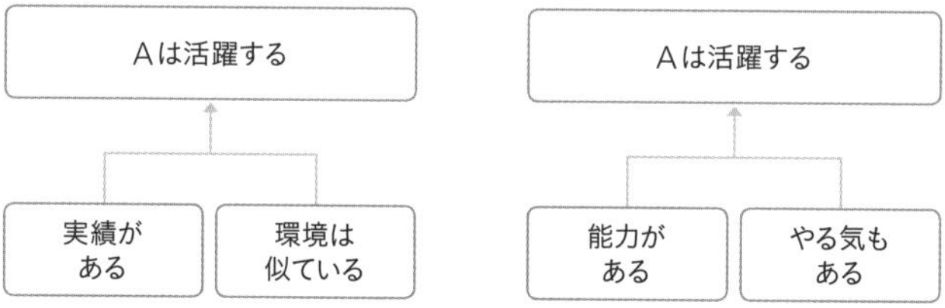

POINT

思いついたものを起点に、それだけで十分なのかということを「丁寧に」自分自身に問いかける

先の例で説明していきます。

ひとつめの「実績があるから」について改めて考えてみます。それだけで十分なのかを丁寧に自分自身に問いかけるということなので、「実績だけで十分か?」と問いかけてみましょう。ただ、「実績だけで十分か?」と問いかけてしまうと、実績以外の要素は、様々ありますので、実績とは別の要素を考えてしまいます。

そこで、「実績が活かせる」とすれば「その前提は何なのか?」と問いかけるようにしてみましょう。折角、実績という要素を思いついたにもかかわらず、いきなり全然関係ない要素を広げにかかってしまうのはもったいないことです。実績そのものが活かせるということを根拠とするためには、「何が前提として必要なのか?」という視点で考えてみましょう。

こう考えると、実績が活かせるための前提は、たとえば、過去に経験した状況と今回の状況の類似性が高いということ、当時と環境は似ているということが備わっているとより説得力が高まります。

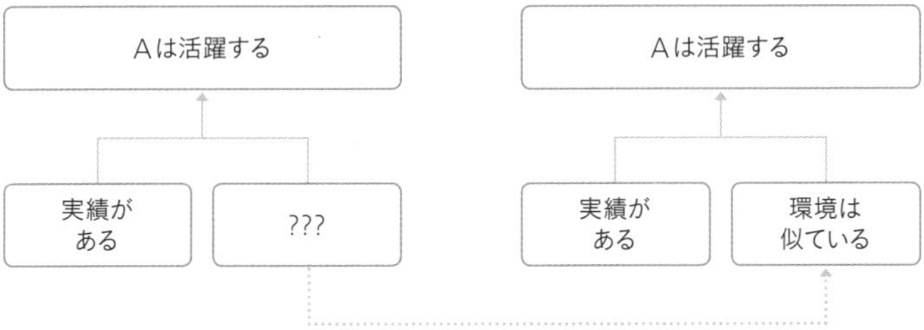

2つめの「能力があるから」についても同様に、「能力が活かせる」とすれば「その前提は何なのか?」と問いかけてみましょう。「能力」を発揮するための前提として、土台となる「意志」、やる気が必要になります。

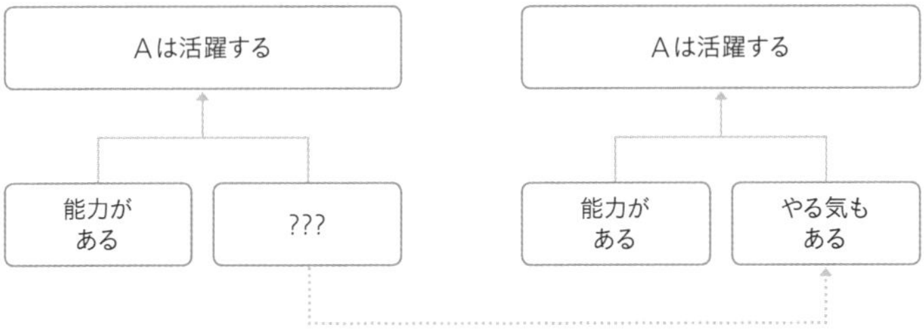

演習問題

Ａさんが活躍する他の理由として思いついたのが、「構成しているメンバのスキルが高いので、Ａさんは活躍する」ということ。これも根拠になりそうです。では、メンバのスキルがどう高いとＡさんは活躍をするということが言えるのか、その前提を考えてみてください。

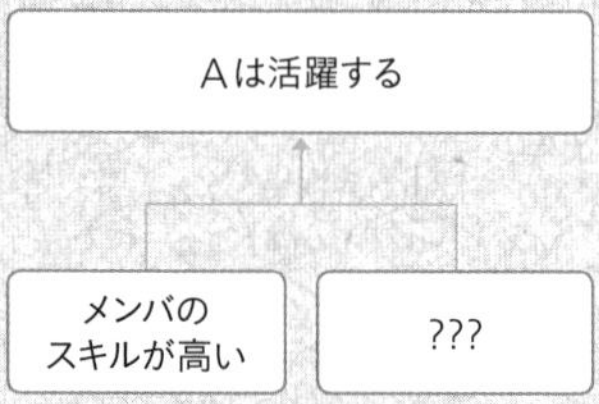

解答

メンバのスキルが高くとも、そのスキルに偏りがあったり、バラバラで関連性がなくては、成果にはつながらないかもしれません。また、Ａさんの持っているスキルに対して、不足分を補ってもらえるようなメンバであれば、チームとしての成果が出せる可能性が高まります。メンバのスキルが相互補完的でバランスがとれていることが前提となりそうです。

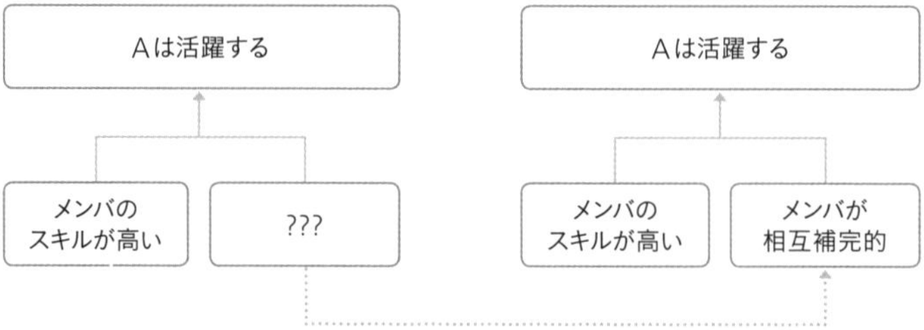

STEP UP!

ここまでは、思いついた根拠を起点にその前提を丁寧に考えることによって、根拠を横に広げることを考えてきました。次に、今考えた根拠のレベルを一段あげて、縦に広げることを考えてみましょう。

実績があって、環境が似ている、は、どういうことか、能力があって、やる気もある、は、どういうことか、メンバのスキルが高い、と相互補完性、は、どういうことかを考えてみてください。

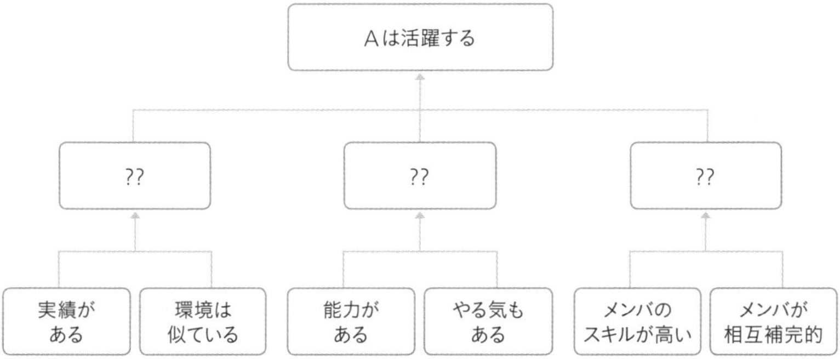

実績があって、環境が似ているということは、「経験が活きそう」ということと考えられます。同様に意味合いを一段あげて考えると、能力があって、やる気もあるということは、本人の状態がよいということになります。そして、メンバのスキルと相互補完性は、チームの状態がよいということ。

こう考えると、Aさんが活躍する根拠も、先ほどよりも一段意味合いがあがって、「Aさんは活躍する。なぜなら経験が活きそう、本人の状態もよい、チームの状態もよいので」と根拠づけをすることができます。

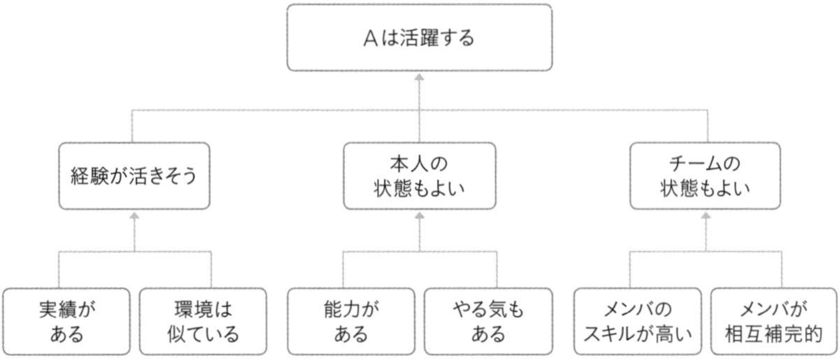

では、最後に、ここからさらに根拠を広げる必要があるかを考えておきましょう。さらに広げる必要があるかは、下図の矢印の箇所「経験が活きそう」「本人の状態もよい」「チームの状態もよい」ということで十分なのかを考えることです。経験については、言い換えると状況がよいということ、そこに、本人とチームがよいということであれば、考えなければならない要素は大きくは押さえられていると考えてもよさそうです。

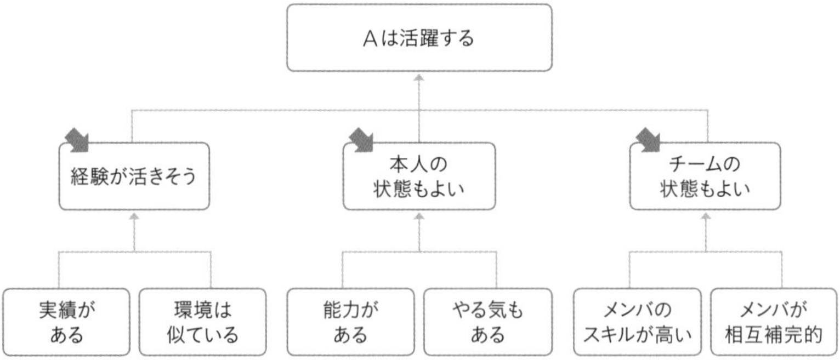

このように、他に考える要素がないかを考えるのは、ある程度、全体像を立体的に組み上げた後にしましょう。全体像をある程度組み上げずに、末端のレベルで考えると以下の点で難しさがあるからです。

・抽象度のレベルが揃わない中で考えなければならなくなる
・細かすぎて多数の要素が出てくる可能性がある
・押さえるべき点が網羅されているのかが細かすぎるためにわからなくなる

思いついた根拠を出発点に丁寧に問いかけることで、複数化して、根拠を「横」に広げていくこと。そして、意味合いを考え、「縦」に広げていくこと。その結果、立体感のある根拠を作っていくことができます。

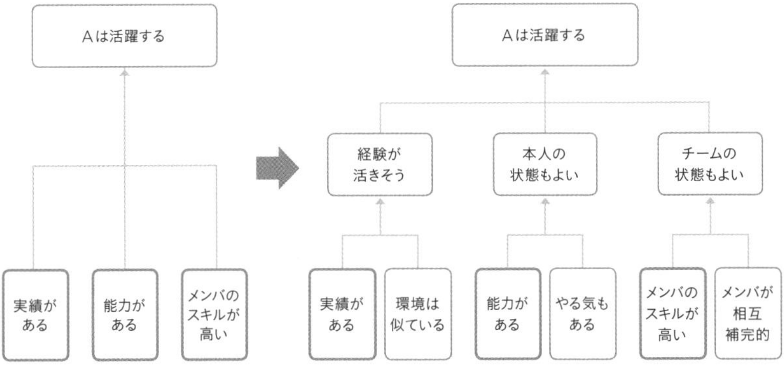

まとめ

- 横に広げるとは、思いついた根拠に対して丁寧に問いかけて根拠を付け足すこと
- 丁寧に問うとは、その根拠が成り立つ前提は何かと問いかけてみること
- 縦に広げるとは、一段抽象度をあげること
- 横と縦に広げることで立体的な根拠になる
- 他に必要な要素がないかは、全体像をある程度持った上で考える

LESSON 03

都合の悪い情報を探してみる

人は、自分が結論づけたいことを根拠づけるために、言いたいことを支える情報を直接探しにいく傾向があります。ただ、根拠を強めるためには、実は、自分にとって都合の悪い情報を集めることが効いてきます。では、自分にとって都合の悪い情報を集めるとは、具体的にどうすればよいのでしょうか。

人事部に所属しているあなた。最近、若手社員のモチベーションが下がっているように感じていて、気になっています。そこで、何人かの若手社員にヒアリングをしてみたところ、みな将来のキャリアがみえず、不安だということがわかりました。それが理由でモチベーションを高く維持できていない、ということが起こっているようです。

自身が感じたことを直接調べる、ここでは、「若手社員のモチベーションが下がっているのではないか」と感じたことに対して、実際に若手社員の話を聞いて確かめてみる、よくあるアプローチです。**ただ、これは、自分の仮説を支える情報を直接探しただけに過ぎません。**「若手のモチベーションが下がっている」ということを言うためには、若手以外のモチベーションがどうなっているかをきちんと調べる必要があります。

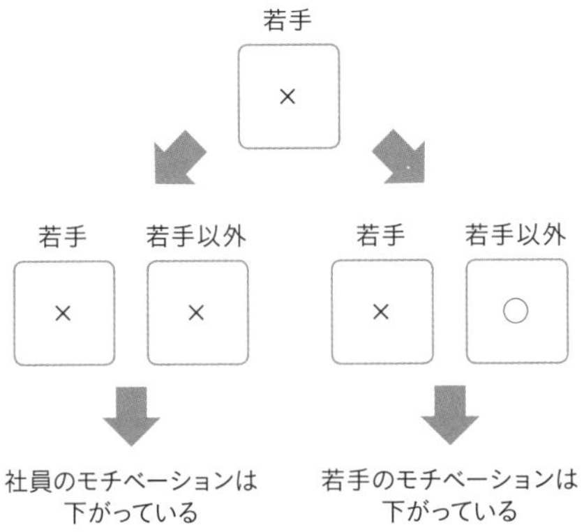

上図をみてみましょう。仮に左のように若手以外もモチベーションが下がっていたとすると、起こっていることは、社員のモチベーションは下がっているということになります。逆に、右のように若手以外のモチベーションは下がっていないという場合に初めて、若手のモチベーションは下がっていると言うことができます。

では、さらに、「首都圏の若手社員のモチベーションが下がっている」ということを言うためにはどうしたらよいでしょうか。

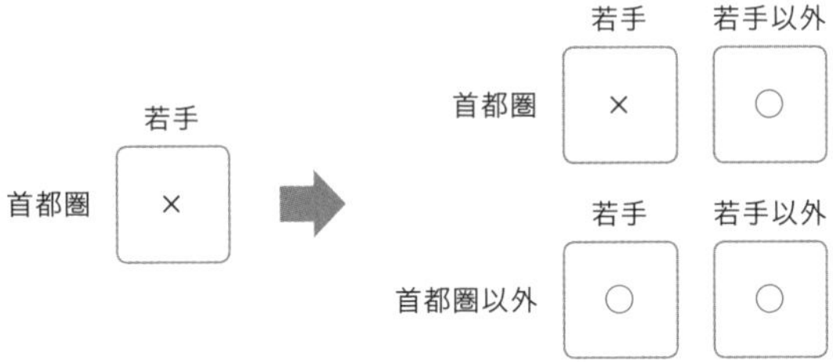

これも同様に、首都圏の若手だけを調べてしまうと、そこだけの事象を確認するにとどまってしまいます。若手以外がどうなっているのか、さらには

首都圏以外はどうなっているのかを調べていくことが重要です。

自分が根拠づけたい結論を支えるための情報を探していくことは大事ですが、結論を直接的に支える根拠のみを探しにいくだけでは十分ではありません。それ以外の情報を積極的に探していくようにしましょう。ポイントは2つあります。

POINT

❶ 言いたいことは何なのかを要素に分解する
❷ 要素ごとに逆側のカテゴリーでそうなっていないことを確認する

「首都圏の若手社員のモチベーションが下がっている」を例に、それぞれについて詳しく説明していきます。

❶言いたいことは何なのかを要素に分解する

言おうとしていることは、モチベーションが下がっているということです。誰のモチベーションかというと、「首都圏」と「若手」の2つの要素があることがわかります。

❷要素ごとに逆側のカテゴリーでそうなっていないことを確認する

要素が確認できたら、逆のカテゴリーを調べてみましょう。そして、逆のカテゴリーにおいて、言いたいことは起こっていないということが言えて、初めて証明ができることになります。

「若手が問題だ」ということを言うためには「若手以外は問題がない」ということ、「首都圏が問題だ」と言うためには「首都圏以外は問題ではない」ということ、積極的に逆側の情報を探していくことが重要です。

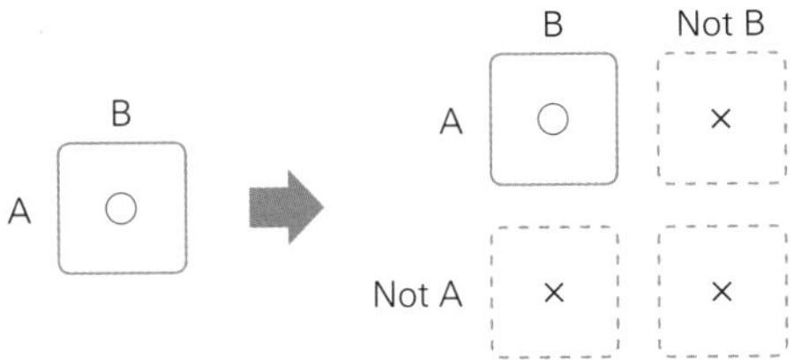

演習問題

あなたは、商品管理の担当者です。ネット経由で商品Aが売れているということを感覚として持っています。ネット経由で商品Aが売れているということを証明するためには、どんな情報を集めればよいですか。

解答

❶言いたいことは何なのかを要素に分解する

言いたいことは、「ネット経由」で「商品A」が売れているということです。要素は2つ、「ネット経由」と「商品A」になります。

❷要素ごとに逆側のカテゴリーでそうなっていないことを確認する

押さえておかなければならないことは、商品A以外がどのように売れているのか、そして、ネット以外、おそらくリアルな店舗でどのように売れているのかです。

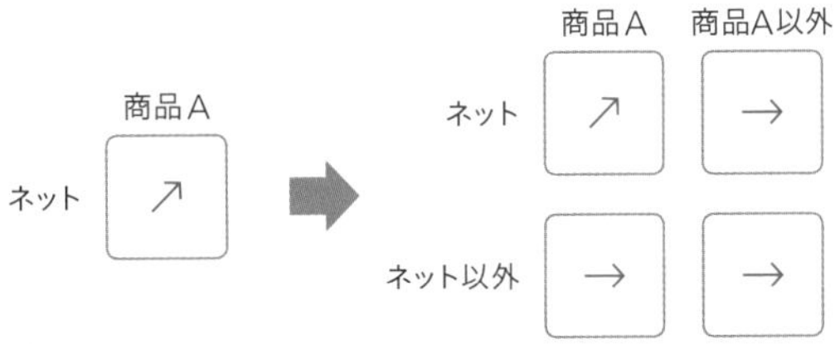

前月	商品A	商品A以外
ネット	100	100
ネット以外	100	100

表1

今月	商品A	商品A以外
ネット	120	100
ネット以外	100	100

表2

今月	商品A	商品A以外
ネット	120	120
ネット以外	100	100

表3

今月	商品A	商品A以外
ネット	120	100
ネット以外	120	100

（単位：万円）

実際に前月と今月の売上を調べてみました。ネットで商品Aが売れているということが言えるのは、表1から表3のうちどれだと思いますか。

表1は、増えているのは、ネットでの商品Aのみ、それ以外は、前月と変わっていません。「ネットで商品Aが売れている」と言えそうです。

表2は、増えているのは、ネットの商品Aとネットの商品A以外。したがって、ネットで売れている＝ネットが好調だという解釈になりそうです。

表3は、増えているのは、ネットの商品Aとネット以外の商品A。したがって、商品Aが売れている＝商品Aが好調だという解釈になりそうです。

STEP UP！

ここまでは、何が起こっているかという事実を明確にするために、積極的に不都合な情報を探すということに取り組んできました。この思考の使い方は、原因と結果の関係性を明らかにしていく場合にも活用できます。

たとえば、ある薬が有効だということを言うためには、どうすればよいかを考えます。

これは、効果があるという結果に対して、ある薬が効いているということ、つまり、原因と結果の関係性を特定していこうというプロセスになります。

よくやってしまうのは、その薬を服用して、効果があった人を探して、

「私の周りで何人かに聞いてみたけど5人も効果があったと言っています」というやり方です。これでは、自分の言いたいことを支えるための情報を直接取りにいっただけになります。

その薬に効果があったということを言うためには、薬を服用したけど効果がなかった人がどれだけいたのかがわからないとその薬の有用性がわかりません。

服用して効果があったという人が5人、服用したけれども効果がなかったという人が1人の場合と、服用して効果があったという人が5人、服用したけれども効果がなかったという人が5人の場合では、薬の有用性に対する判断が変わるということです。

前者であれば、薬は効果がありそうと解釈できそうですが、後者は、それほど効く訳ではなさそうという印象になります。逆説的ですが、薬を服用したけれども効かなかった人を積極的に探すことが薬が効いたかどうかの判断の精度を高めてくれます。

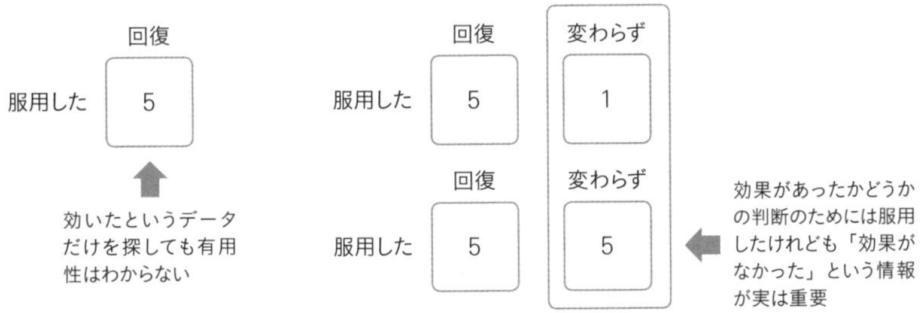

そして、もうひとつ重要なことが、薬を服用しなかった人がどうだったかということです。前述のところで満足して、考えを止めてしまう人が多いのですが、薬が有用だったということを言うためには、薬を服用しなかった人たちがどうだったかを比較しておかなければなりません。

	回復	変わらず
服用した	5	1
服用しなかった	1	5

	回復	変わらず
服用した	5	1
服用しなかった	4	2

上図の結果をみたときに、薬には効果がありそうだと考えられるのは、左右どちらでしょうか。

服用しなかった人で回復した人が1名しかいない左図と、服用しなくても回復した人が4名いる右図。左の状態であれば、服用する意味はありそう、と考えることができそうです。右の場合は、薬によらずとも回復している人がそれなりにいるということです。そうなると、薬ではない要因で回復しているのではと考えることができます。

したがって、薬が効いたかどうかを判断するためには、薬を服用しなかった人がどのような結果になったかという情報が実は重要ということになります。

	回復	変わらず
服用した	5	1
服用しなかった	1	5

	回復	変わらず
服用した	5	1
服用しなかった	4	2

効果があったかどうかの判断のためにはそもそも薬を「**服用しなかった**」人たちの情報が実は**重要**

不都合な情報を避けるのではなく、積極的に自分にとって不都合な情報を取りにいくことが、結果的に自分の言いたいことの根拠を強めることにつながります。

まとめ

- 人はとかく主張したいことを直接支える情報のみを探したがる
- 根拠を強めるためには、不都合な情報を積極的に探すことが大切
- 範囲を広げ、逆の情報を押さえること
- 逆の情報を押さえることが、結果的に根拠を強めることにつながる
- 何が起こっているか（事象の特定）、なぜ起こっているか（因果の特定）の両方で使える

LESSON 04

根拠の弱さに目をつぶらない

どこまでの根拠が確実で、逆にどこは弱いのかが理解できている人は多くありません。指摘をもらって、そこで沈黙してしまうことはありませんか。根拠の弱さが理解できていれば、弱い箇所を補強することも、予防線を張ることもできます。では、根拠の弱さを見つけるためにはどうしたらいいのでしょうか。

あなたは「健康意識が高まることによって、これから食事を気にする人が増えることは間違いない」と確信を持っています。その確信を基に新規の事業を起こしたいと考えています。まず次の企画会議で、「健康意識が高まることによって、食事を気にする人が増える」ということをチームのメンバに納得してもらわなくてはいけません。

そこで、積極的に他の可能性を考え、健康意識の高まりにより、運動、食事、睡眠の3つの要素の関心が高まる可能性があるとした上で、次のように主張と根拠を組んでみることにしました。

日々取り組めるか（継続性）、簡単に取り組めるか（実行容易性）の2点から考えると、運動は、日々取り組めるとは限らず、また新たな取り組みが必要なので実施のハードルは少なからずあります。睡眠は、毎日のことではありますが、忙しい人は睡眠時間を増やすことがそもそも難しい。

その点、食事は毎日のことである上、意識をすれば行動につなげられる可能性が高いとして、食事が有力だということを主張したいと考えています。

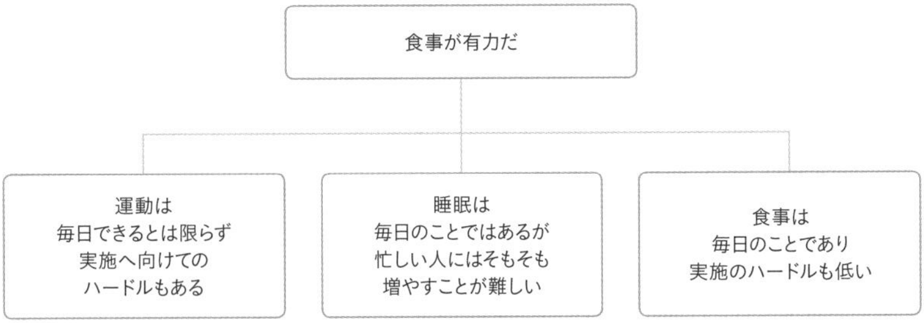

さて、一通り、主張と根拠が組み上がったら、根拠の「弱さ」を積極的に考えていくようにしましょう。**根拠として述べていることの中身自体が本当に正しいのか、「根拠の妥当性」を自らに問うていくということを心掛けていきましょう。**その際のポイントは2つです。

POINT

❶「指摘が入るとしたらどのようなものがあるか」を考える
❷ 具体的にどんな「弱さ」なのかを認識する

先の例で、それぞれについて詳しく説明します。

❶「指摘が入るとしたらどのようなものがあるか」を考える

ひとつめの根拠は、「運動は、毎日できるとは限らず、実施のハードルがある」です。まず、「毎日できるとは限らない」ということに対して、「本当に毎日できないか」と、あえて逆に考えてみます。

同様に、「実施のハードルがある」としていますが、「実施のハードルがない」もしくは「ハードルが高くないものは本当に存在しないか」と自分に問いかけてみることです。その結果、たとえば、「バス通勤を徒歩に替えるということもできるのでは」という指摘が入るかもという想定をすることができます。

❷具体的にどんな「弱さ」なのかを認識する

では、「バス通勤を徒歩に替えるということもできるのでは」という指摘があるということは、具体的にどういう弱さがあるということなのでしょうか。

この指摘は、「通勤を毎日徒歩に替えればよいのではないか」という手段の提示になります。どのような手段なのかというと、**継続性と実行容易性の2つを兼ね備えた具体的な方策です。**つまり、運動は食事に比べて、継続性と実行容易性の両方において、難しさがあるという根拠に対して、「2つの基準を満たす手段があるのではないか」という弱さがあるということです。

「バス通勤を徒歩に替えるということもできるのでは」というレベルの認識でとどまっていると、バスと徒歩のレベルに対する対応でとどまってしまいます。この反論に対してどう備えるかということだけを考えることになってしまいます。

一方で本来考えるべき弱さは、「2つの基準を満たす手段があるのではないか」ということです。したがって、**考えなければならないことは、2つの基準を満たす手段が本当にないのかということです。**

それを明らかにするためにも、その弱さの本質は何なのかを意識するようにしましょう。

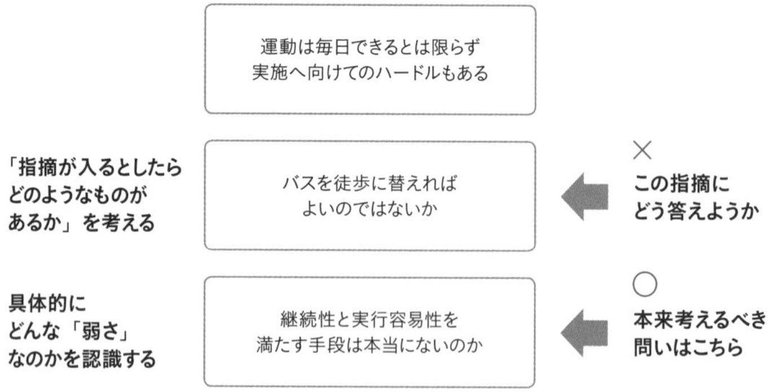

演習問題

それでは、残りの2つ、「睡眠は、毎日のことではあるが忙しい人にはそもそも増やすことが難しい」と「食事は、毎日のことであり実施のハードルも低い」の「根拠の弱さ」は何か考えてみましょう。

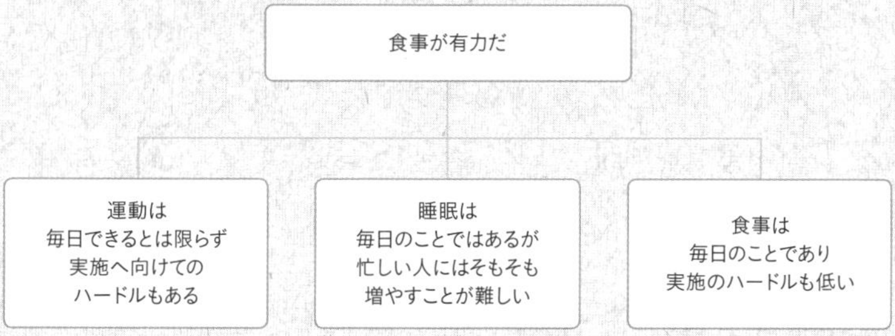

解答

❶「指摘が入るとしたらどのようなものがあるか」を考える

睡眠については、物理的に時間を増やすことは難しい反面、睡眠の質という方向での改善を考えることはできるのではないか、といった指摘が考えられます。

食事については、朝食はいつも抜いている、昼食は時間がないのでコンビニでおにぎり、夜は会食等が多く、改善の余地があまりないという人にとっては、難しいのではないかといった指摘が考えられます。

❷具体的にどんな「弱さ」なのかを認識する

睡眠についての「物理的に時間を増やすことは難しい反面、睡眠の質という方向での改善を考えることはできるのではないか」という指摘は、「質という他の考慮すべき要素があるのでは」という弱さと考えることができます。

食事についての、「朝食はいつも抜いている、昼食は時間がないのでコンビニでおにぎり、夜は会食等が多く、改善の余地があまりないという人にとっては、難しいのではないか」という指摘については、「人によっては実行容易性が担保できないのでは」という弱さがあるということになります。

これによって、運動、睡眠、食事のそれぞれについて以下のような視点でさらに考える必要があるということがわかります。

「運動」：継続性と実行容易性を満たす手段があるのではないか
「睡眠」：考えるべき他の要素があるのではないか
「食事」：実行容易性は本当なのか

一度組み上がった主張と根拠に対して、自ら弱みを探し、さらに、根拠を強化していけるようにしましょう。

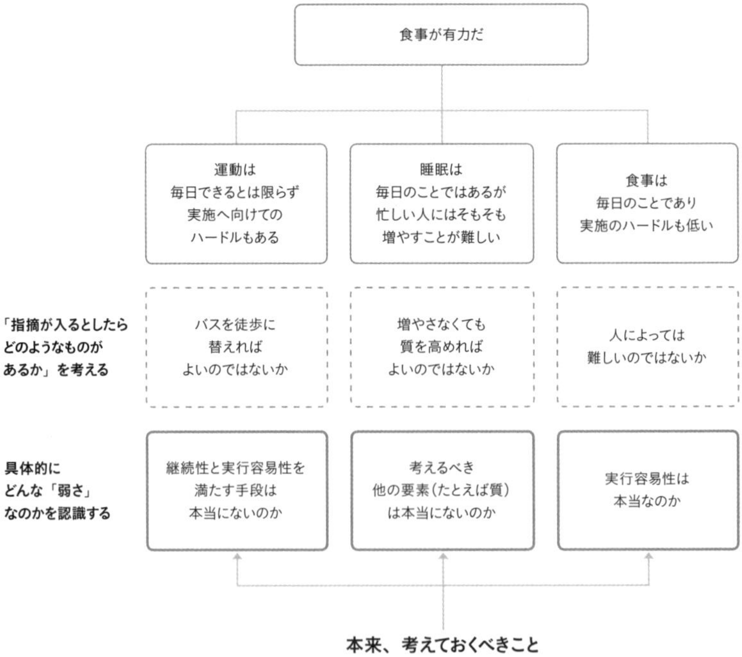

STEP UP!

ここまでは根拠そのものは本当にそういえるのか?という視点で弱さを考えてきましたが、それ以外の弱さがあります。それは、**基準そのものの妥当性**と**比較の妥当性**です。それぞれについて詳しく説明していきます。

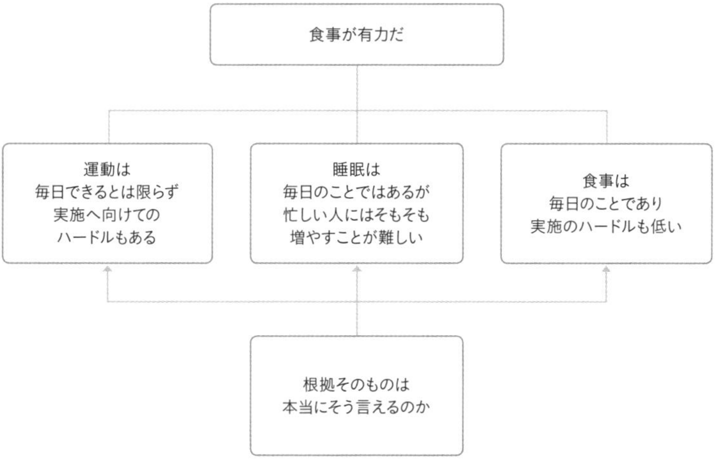

●基準そのものの妥当性

継続性（日々取り組めるか)、実行容易性（簡単に取り組めるか）という2つの基準で、運動や睡眠と比べて、食事が優位であるということを述べようとしている訳ですが、この基準そのものが妥当かどうかという視点でもチェックをしておく必要があります。

●比較の妥当性

根拠そのものの妥当性、基準そのものが妥当であったとしても、最後に、食事が、他と比べて本当に優位なのか、運動や睡眠と比べて食事が継続性と実行容易性で比較した際に、本当に優位であるのかという視点も重要です。

根拠の弱さは以下、3つの視点でチェックをするようにしましょう。

❶ 根拠そのものの妥当性
❷ 基準そのものの妥当性
❸ 比較の妥当性

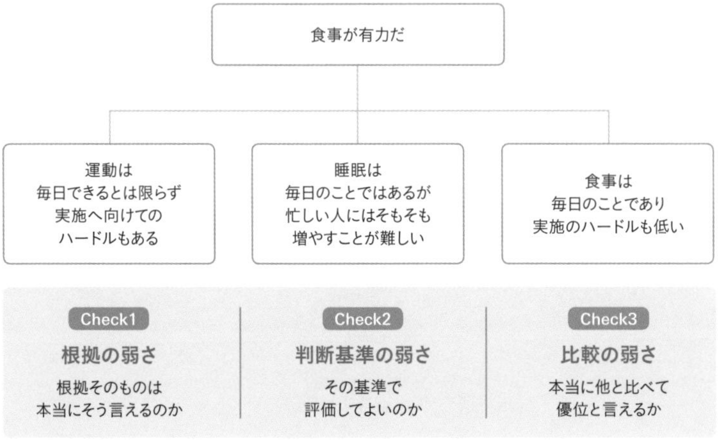

弱さが認識できることのメリットは、何を補強すればよいかがわかっていることです。補強を行って、実際に根拠を強めることが可能です。

また、仮に補強できなくても、何が足りないかが理解できていることに実は価値があります。弱さを意図的に認識できていないということは、「何となくこれで大丈夫ではないか」と考えているという状態です。

これでは、きちんと主張を支えられているのかもわからないということだからです。支えられているかどうかもそもそもわからない状態と比べると、少なくとも主張と根拠の関係性が理解できているという点で、弱さが認識できていることは、大きな価値があります。

また、受け手に与える安心感も異なってきます。「何となく大丈夫だと思います」と報告してくる相手と「ここはもう少し補強しないといけないとは思っているのですが……」と報告をしてくる相手との違いです。どちらの報告の方が安心できるかをイメージしてみてください。

　そして、組織で合意をする際には、この弱さも含めて理解をしてもらうということも重要です。なぜなら、時間は有限で、すべてを調べることはできないからです。弱さを一緒に共有して、弱さをお互いに理解した上で、先に進めていくということも選択肢に加えてください。

まとめ

- **どういう指摘が入るのかとそれがどういう弱さなのかを認識する**
- **どういう弱さなのかを認識することで、補強するべき本質的な問いがわかる**
- **「根拠そのものの妥当性」に加え、「基準そのものの妥当性」「比較の妥当性」も押さえておく**
- **弱さが理解できているメリットは、何を補強するべきかがわかっていること**
- **補強ができなくとも、主張と根拠の関係性に対して、理解が及んでいるという点で価値がある**

CHAPTER

2

「何が起こっているか」正しく認識する

ロジカルに考える上で、プロセスとして重要になるのが分析です。「現状」分析という言葉をよく耳にしますが、これは、何が起こっているのかを適切に理解しようとすることです。考える出発点は、「何が起こっているか」を正しく認識することから始まります。そのために必要なことは、みている風景の「解像度」をあげていくことです。この章では、どのように解像度をあげていけばよいのかを学んでいきます。

LESSON 05

違った角度からみる

問題解決の出発点は、何が問題なのかをしっかりと押さえること。与えられた情報から複数の問題を見つけられることがポイントです。ただ、複数の問題を闇雲に探すのは効率的ではありません。効率的に、そして、網羅的に問題を探すにはどうすればよいのでしょうか。

ある月のA君とB君の売上が、表1のようになりました（商品は、XとYのみとします）。

表1

	商品X	商品Y	合計
A君	50万円	40万円	90万円
B君	30万円	60万円	90万円
合計	80万円	100万円	180万円

表1から、どんな問題点を見つけることができるか、考えてみます。

まず、商品Xと商品Yを比べてみます。商品Xの売上は、80万円、商品Yは100万円になっています。このことから、たとえば、「なぜ、商品Xは商品Yよりも売れなかったのか?」は、問題点としてひとつ切り出せます。

次に、A君とB君を比べてみます。A君とB君の売上は、ともに90万円です。ここに違いはありません。ただ、内訳に注目してみると、A君は商品Xの売上の方が商品Yの売上よりも多く、逆にB君は商品Yの売上の方が商品Xよりも多くなっています。

このことから、たとえば、「なぜ、A君とB君の売上構成が異なるのか?」ということも、問題点として切り出せます。

最後に、商品X、YとA君、B君を掛け合わせてみてみましょう。

商品XのA君の売上が50万円、商品YのA君の売上が40万円、商品XのB君の売上が30万円、商品YのB君の売上が60万円、4つの数字が出てきます。たとえば、最小値に着目して、「なぜ、B君の商品Xの売上は30万円しかないのか?」ということを問題としてとりあげることもできそうです。

ひとつの情報からも以下のような3つの問題を切り出すことができました。

「なぜ、商品Xは商品Yよりも売れなかったのか?」
「なぜ、A君とB君の売上構成が異なるのか?」
「なぜ、B君の商品Xの売上は30万円しかないのか?」

どの視点で考えるかによって、問題は変わります。実は、問題は複数存在しているのです。私たちは、その複数ある問題の中から、どれを深掘りし検討を進めていくかをさらに考えなければなりません。そのためにも、**まずは複数の問題を認識する必要があります。**では、どうすれば複数の問題を認識することができるのでしょうか。ここでのポイントは3つです。

POINT

❶ 縦で何かみえてこないか
❷ 横で何かみえてこないか
❸ 斜めで何かみえてこないか

情報が与えられたら、少なくとも**「3つの視点で考える」ということを心掛けましょう。**

今回の例では、縦（商品ごとという視点）、横（A君、B君という人の視点）、そして、斜め（その2つを掛け合わせた視点）です。それぞれ表にしてみます。

❶縦（商品の視点）で何かみえてこないか

表1

	商品X	商品Y	合計
A君	50万円	40万円	90万円
B君	30万円	60万円	90万円
合計	80万円	100万円	180万円

❷横（人の視点）で何かみえてこないか

表1

	商品X	商品Y	合計
A君	50万円	40万円	90万円
B君	30万円	60万円	90万円
合計	80万円	100万円	180万円

❸斜め（2つを掛け合わせた視点）で何かみえてこないか

表1

	商品X	商品Y	合計
A君	50万円	40万円	90万円
B君	30万円	60万円	90万円
合計	80万円	100万円	180万円

情報が与えられると闇雲にいろいろと考えてしまいがちです。縦の視点、横の視点、そして、斜めの視点と視点ごとにどんな問題が切り出せるかを考えるようにしましょう。

演習問題

C君の売上が加わりました。表2からどんなことが問題として切り出せるかを考えてみてください。

表2

	商品X	商品Y	合計
A君	50万円	40万円	90万円
B君	30万円	60万円	90万円
C君	60万円	30万円	90万円
合計	140万円	130万円	270万円

解答

与えられている情報を起点に、縦、横、斜め、3つの方向からみていくということでしたね。先ほどと同様に、縦（商品ごとという視点）、横（A君、B君、C君という人の視点）、そして、斜め（その2つの軸を掛け合わせた視点）の3つで何が言えるかを考えてみましょう。

❶縦（商品の視点）で何かみえてこないか

表2

	商品X	商品Y	合計
A君	50万円	40万円	90万円
B君	30万円	60万円	90万円
C君	60万円	30万円	90万円
合計	140万円	130万円	270万円

C君の売上を加えると商品Xの売上は140万円、商品Yの売上は130万円になります。A君とB君の2人の売上のときは、商品Yの方が売れていましたが、C君を加えると、商品Xの方が売れていることになります。したがって、問題は、「なぜ商品Xの方が売れなかったのか」ではなく、「なぜ商品Yの方が売れなかったのか」になります。

もしくは、先ほどは、A君、B君の2人で、商品ごとの売上の差が20万円（80万円と100万円の差）でしたが、今回は、A君、B君、C君の3人になって、差は10万円（140万円と130万円）に減っています。商品ごとの売上は、それぞれ大きくなりながらも、差が減っていますので、商品Xと商品Yの売上の差はそれほどないという考え方もできます。

縦方向からは以下の問題を切り出すことができます。

・なぜ商品Yは商品Xよりも売れなかったのか

・（もしくは）商品Xと商品Yの売上には差はそれほどない

❷横（人の視点）で何かみえてこないか

表2

	商品X	商品Y	合計
A君	50万円	40万円	90万円
B君	30万円	60万円	90万円
C君	60万円	30万円	90万円
合計	140万円	130万円	270万円

加わった、C君の売上もやはり90万円。A君やB君と同じです。一方、先ほど問題であった、売上構成については、C君もA君やB君とはまた違った構成になっています。3人の売上構成が異なっているということは変わりません。したがって、「なぜ、A君とB君とC君の売上構成が異なるのか?」については引き続き問題となりそうです。

横方向からは、以下の問題を切り出すことができました。

・なぜ、A君とB君とC君の売上構成が異なるのか?

❸斜め（2つを掛け合わせた視点）で何かみえてこないか

表2

	商品X	商品Y	合計
A君	50万円	40万円	90万円
B君	30万円	60万円	90万円
C君	60万円	30万円	90万円
合計	140万円	130万円	270万円

最後に、商品X、商品YとA君、B君、C君を掛け合わせてみてみましょう。先ほど、最小値に注目して、「なぜ、B君の商品Xの売上は30万円しかないのか?」としましたが、C君の商品Yも30万円の売上しかありません。

したがって、同様に、「なぜ、B君の商品X、C君の商品Yの売上は30万円しかないのか?」と問題を切り出すこともできます。一方で30万円しか売れないという事象は、B君とC君、3名のうち2名で発生しているので、特殊な事象ではないと捉え、最小値の30万円を特に問題視しないという考え方もできます。

斜め方向からは、以下の問題を切り出すことができました。

・なぜ、B君の商品X、C君の商品Yの売上は30万円しかないのか?
・(もしくは) 30万円の売上はそれほど特殊なことではない

STEP UP!

最後に 表1 A君、B君の情報から抽出した問題点と 表2 A君、B君、C君の情報から抽出した問題点とを比較してみます。

表1

	商品X	商品Y	合計
A君	50万円	40万円	90万円
B君	30万円	60万円	90万円
合計	80万円	100万円	180万円

表2

	商品X	商品Y	合計
A君	50万円	40万円	90万円
B君	30万円	60万円	90万円
C君	60万円	30万円	90万円
合計	140万円	130万円	270万円

	表1からの問題点	表2からの問題点
縦の視点	なぜ、商品Xは商品Yよりも売れなかったのか？	なぜ、商品Yは商品Xよりも売れなかったのか？（もしくは）商品Xと商品Yの売上には差はそれほどない
横の視点	なぜ、A君とB君の売上構成が異なるのか？	なぜ、A君とB君とC君の売上構成が異なるのか？
斜めの視点	なぜ、B君の商品Xの売上は30万円しかないのか？	なぜ、B君の商品X、C君の商品Yの売上は30万円しかないのか？（もしくは）30万円の売上はそれほど特殊なことではない

・縦の軸

商品XとYについてどちらの売上が多いのかという問題は、C君の情報が加わることで変わってきました。

「なぜ、商品Xは商品Yよりも売れなかったのか?」
→「なぜ、商品Yは商品Xよりも売れなかったのか?」
（もしくは）商品Xと商品Yの売上には差はそれほどない

・横の軸

売上構成比に関しては、C君の情報が加わっても変わりませんでした。

「なぜ、A君とB君の売上構成が異なるのか?」
→「なぜ、A君とB君とC君の売上構成が異なるのか?」

・斜めの軸

最小値に関しては、C君の情報が加わることで重要度が少し変化をしています。

「なぜ、B君の商品Xの売上は30万円しかないのか?」

→「なぜ、B君の商品X、C君の商品Yの売上は30万円しかないのか?」
（もしくは）30万円の売上はそれほど特殊なことではない

このように、新たな情報が加わることによって、変化のある問題もあれば、変わらない問題もあるということがわかります。

このことを踏まえると、私たちが意識しておかなければならないことは2つです。ひとつめは、今みている問題は、今自分が持っている情報の下に創られているものであるということ。ふたつめは、もし、今持っている情報だけで問題を考えない方がよいのであれば、他にどんな情報をみればよいのかを考えること。そして、その情報が収集できるのであれば、追加をした上で、問題は何かを考えるようにしましょう。

一方で、情報は収集しようと考えれば、際限なく広げられてしまいます。どこかで収集するのをやめなければなりません。また、広げようと思っても収集できないこともあります。

だからこそ、改めて、ひとつめの、今みている問題は、今自分が持っている情報の下に創られているということを理解しておく必要があります。

まとめ

- **問題解決の出発点は、何が問題なのかをしっかりと押さえること**
- **ひとつの情報から複数の問題を見つけられることが大事**
- **複数の問題は、違った角度でみていくことで洗い出せる**
- **情報が増えると問題も変わる**
- **今の問題は今の情報の下に創られていることを理解する**

LESSON 06

幅を変えてみる

「現状を正しく理解しよう」とよく言われますが、正確に現状を把握するということは実は簡単ではありません。意味のあるようにみえる事象が、実はたまたまそのようにみえているだけということもよくあります。では、何が起こっているのかを的確に理解するためにはどうしたらよいのでしょうか。

業務知識の理解度を確認するための20点満点のテストの結果 表1 を渡されたあなた。チーム40名の成績を分析するように頼まれました。

表1 40人の点数

1	3	13	6	18	5	7	16
2	17	8	14	13	5	14	5
3	13	16	5	18	6	20	15
14	8	15	6	19	15	4	13
4	16	8	16	7	7	17	8

表のままではわからないので、得点を5点刻みでグラフ化しました。

図1 5点刻みでグラフ化

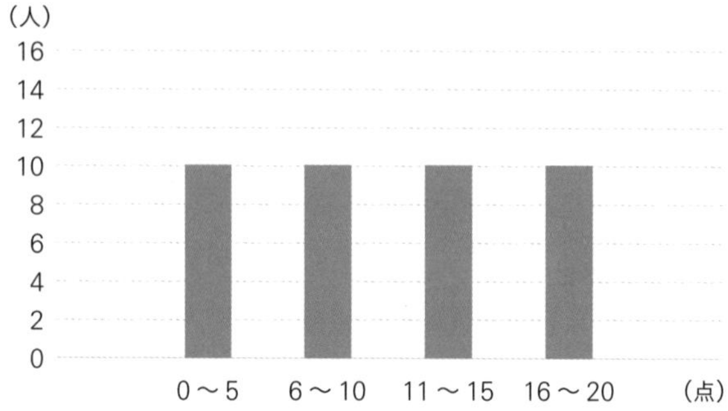

グラフをみると、0から5点、6点から10点、11点から15点、16点から20点といずれも10名、成績のよいメンバからあまり成績のよくないメンバまで、一様に分布しているようにみえます。

次に、刻み幅を4点に替えてグラフを作成してみました（図2）。

図2 4点刻みでグラフ化

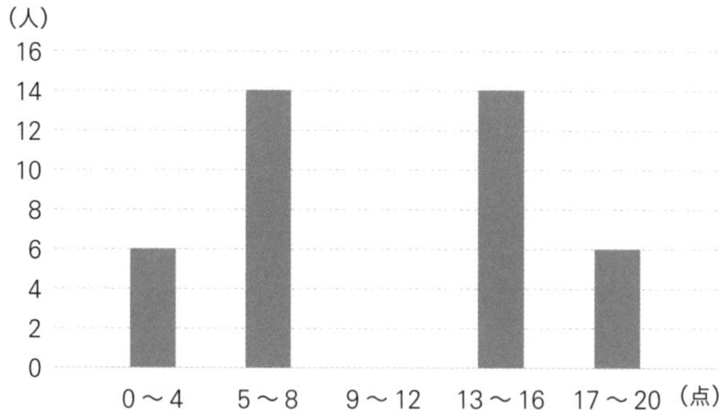

すると、先ほどは一様に分布していたようにみえていましたが、4点刻みでグラフを描いてみると、左右に分かれて分布していることに気づけます。成績のよいメンバとそうでないメンバとに大きく二分されているようです。

このように、元のデータは同じですが、5点刻みでデータを集計するか、4点刻みでデータを集計するかによって、みえ方が全く変わってきてしまいます。

私たちはつい、5刻み、10刻みといったわかりやすい単位で集計をしてしまいがちですが、それは単にキリがよいからという理由でしかありません。キリがよいからという単純な理由のみで刻み幅を採用するのではなく、以下の3つのポイントを覚えておきましょう。

POINT

❶ 全体のデータの幅を確認する
❷ 大きく4～8ぐらいに分けられる刻みの幅を考える
❸ 複数のグラフを描いて、みえ方が変わらないかを確認する

❶全体のデータの幅を確認する

今回の事例では、テストの点、0点から20点までがデータの幅になります。

❷大きく4～8ぐらいに分けられる刻みの幅を考える

データの幅が0～20ですので、刻み幅を5にするとちょうど4つに、刻み幅を4にすると5つ、刻み幅を3にすると7つに分けることができます。4～8は目安ですので、少なかったり超えたりしてはいけないというものではありません。

❸複数のグラフを描いて、みえ方が変わらないかを確認する

先ほどは、刻み幅が「5」、「4」のグラフを作成しましたので、ここでは、3点刻みで、全体を7つに分けるグラフを作ってみます（図3）。

図3 3点刻みでグラフ化

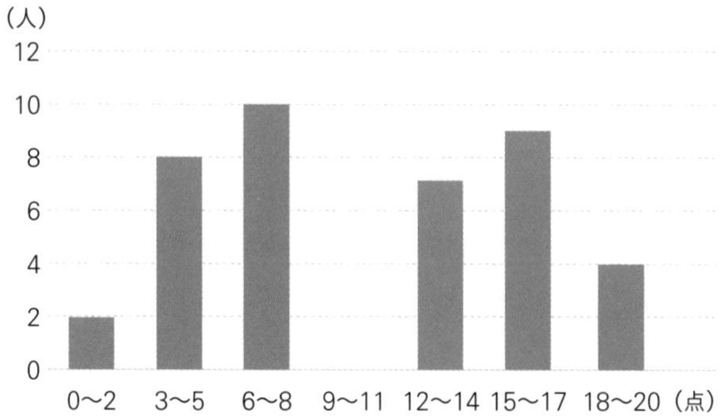

成績のよい人とそうでない人とが、左右に大きく二分されているという点では、図2でみた解釈と大きくは変わりません。一方で、図3では、左右対称に分布しているという印象よりは、左側の成績のよくない人が多いという印象になります。6点から8点の人数が多くなっていることが理由です。

表1 40人の点数

1	3	13	6	18	5	7	16
2	17	8	14	13	5	14	5
3	13	16	5	18	6	20	15
14	8	15	6	19	15	4	13
4	16	8	16	7	7	17	8

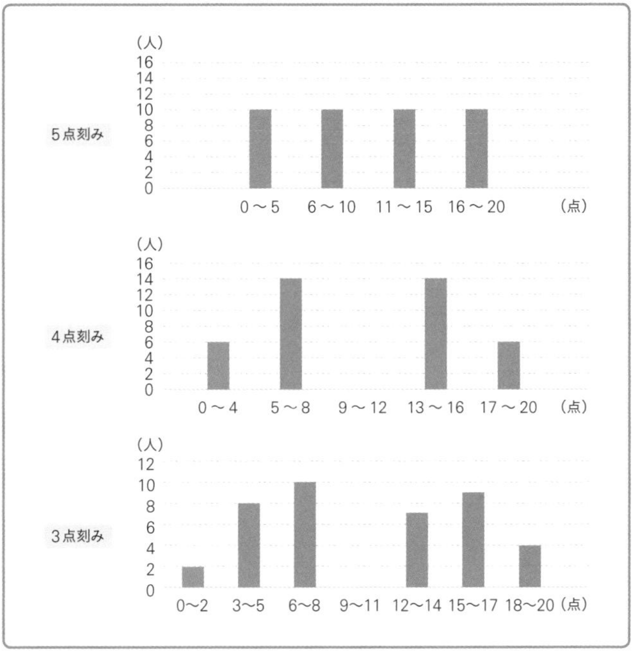

同じ40名のデータも、刻み幅をいくらにするかによって、みえ方が全く変わってきます。では、どの刻み幅がよいのでしょうか。答えはどれもあり得るということになります。なぜなら、元のデータは同じで刻み幅を変えただけだからです。

大切なことは、「いくつの幅が適切なのか」ということではなく、「いくつの幅にするかでみえ方が変わり、解釈が変わる可能性がある」ということの

理解です。

そして、複数の刻み幅で分けてみて、みえ方がどう変わるのか、もしくは変わらないのかを「試行錯誤してみよう」という姿勢を忘れないようにしてください。

演習問題

来店してくれたお客さんの数を把握しておくことが役割のひとつであるあなた。

昨日の客数90名から今日は130名と40名増えました。実際に40名の差分として、どんなお客さんが増えたのかを把握すべく、昨日の客数と今日の客数を、10歳刻みで、10代、20代で大きく分けてグラフ化してみました。

図4

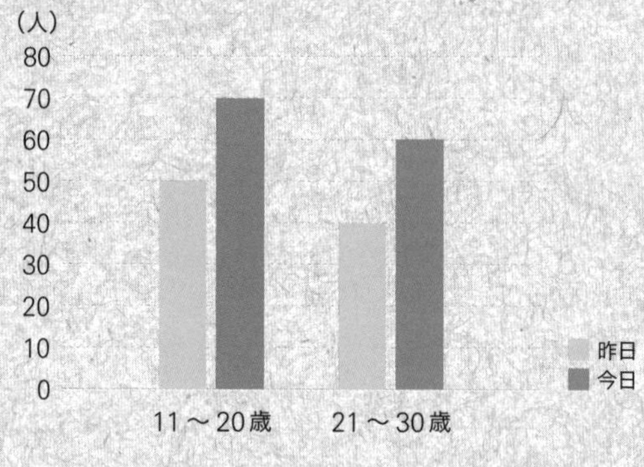

グラフをみると11～20歳、21～30歳、それぞれ、20名ずつ増えていることがわかります。ただ、これでは、何歳のお客さんが増えているのかが絞りきれません。そこで、1歳ごとに丁寧に分布を整理したところ、表2のようになっていることがわかりました。

表2

年齢(歳)	13	14	15	16	17	18	19	20	21	22	23	24	25	26
昨日(人)	5	5	5	5	5	5	10	10	10	10	5	5	5	5
今日(人)	5	5	5	5	5	5	20	20	20	20	5	5	5	5

さて、何歳刻みでグラフを作成するとよいでしょうか。

解答

❶全体のデータの幅を確認する

データの幅は、13歳から26歳までであることがわかります。

❷大きく4〜8ぐらいに分けられる刻みの幅を考える

まず、4歳刻みで4つに分けることができるので、4刻みでグラフを描いてみると 図5 のようになります。増えているのは、17 〜 20歳と21 〜 24歳であることがわかります。

図5

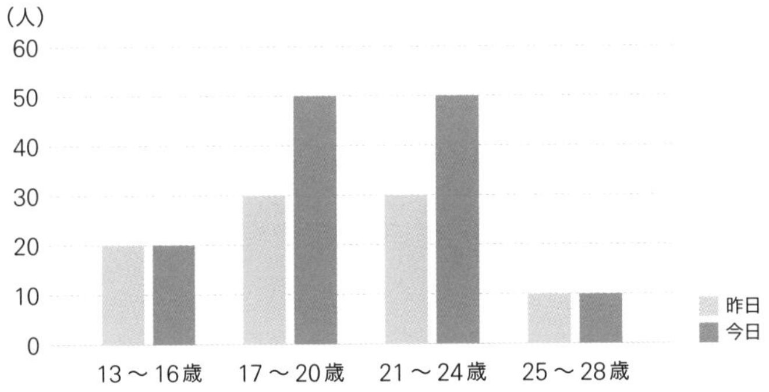

❸複数のグラフを描いて、みえ方が変わらないかを確認する

先ほどは、刻み幅を変えることで、複数のグラフを描いてみましたが、こ

こでは始点を変えて別のグラフを描いてみましょう。

図5 のグラフは、13歳を始点に、4歳刻みでグラフを作成していますが、これは、「たまたま」データが13歳からだったということが理由です。そこで、始点を11歳にずらし、11歳を始点に4歳刻みでグラフを描いてみることにします。

すると 図6 のようになります。増えているのは、19～22歳になります。19～22歳は、年齢的には、大学生の年齢に相当しますので、今日増えているのは、大学生が昨日よりも多く来たからと考えることもできそうです。

図6

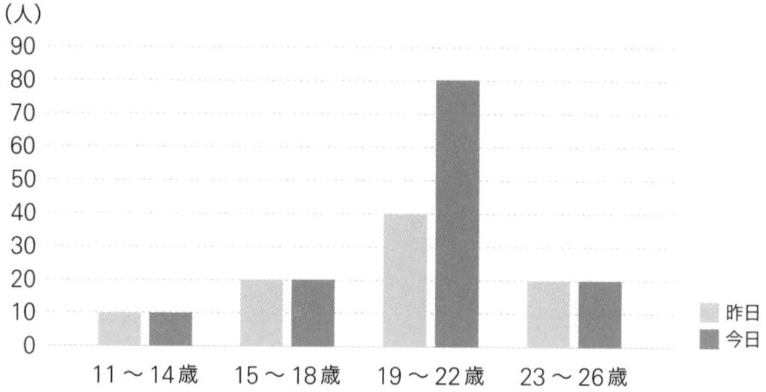

このように同じ刻み幅であっても、始点が違うとみえ方が変わってきます。刻み幅を変えて複数のグラフを描くということに加え、始点を変えることによってもみえ方が変わらないかということも考えられるようにしておきましょう。

年齢(歳)	11	12	13	14	15	16	17	18	19	20	21	22	23	24	25	26
昨日(人)	−	−	5	5	5	5	5	5	10	10	10	10	5	5	5	5
今日(人)	−	−	5	5	5	5	5	5	20	20	20	20	5	5	5	5

また、刻み幅をいくらにするか、始点をどこにするか、最終的にどの分け方を採用するのかを考えるにあたり、定性的な解釈が成り立つかどうかということも基準のひとつに加えておきましょう。

STEP UP！

ここまで、年齢別に何歳刻みでグラフを描いてみるとよいかということを考えてきましたが、最後に、年齢をどうやって把握するかということを考えておきましょう。

来店客数は、時間帯別や曜日別などで分けることも可能です。ただ、時間帯別や曜日別は年齢と比べると分けやすい切り口であり、逆に、年齢に分けるのは難しい切り口なのです。なぜなら、時間帯別や曜日別は、レジの記録をたどれば集計することができますが、「年齢」のデータは意図的に取得をしなければならないからです。

実際にコンビニエンスストアなどでは、レジの入力時に目の前にいるお客さんの年齢層をあくまでも「みた印象」ですが、入力をしています。

もしくは、ポイントカード、別の機会にまた来店してもらうことが狙いですが、もうひとつの狙いは、商品と購入者の紐づけです。誰が何を買ったかということを記録としてデータにするためにも活用をしています。

現状を理解するために、データをどういった切り口で分けていくかが重要です。そして、分けるために意図して取得しなければならない情報もあることを理解しておきましょう。

まとめ

- **何が起こっているかは、一意に決まるものでも答えを誰かが教えてくれるものでもない**
- **複数の可能性を試行錯誤して考える**
- **刻み幅を変えて、始点を変えて複数のグラフを作成する**

- みえてきた傾向に定性的な解釈を考える
- 分けるために収集が必要な情報もある

LESSON 07

経緯をみる

今、入手できている情報から意味合いを見出そうとすることは大切ですが、「現在」起こっていることは、過去からの「流れ」によって解釈が変わってくるのも事実です。では、「現在」を理解するために、どのように「流れ」をみていけばよいのでしょうか。

あなたの会社では、四半期に一度、顧客満足度調査（10点満点）を実施しています。前期（3Q）は8点だったのですが、今期（4Q）は7点に下がってしまいました。今期だけの事象なのかを確かめるために、1年分、遡って調査をしてみることにしました。

さて、調査した結果が仮に、A、B、Cのような状況だったとすると、このあとさらに、何を調べていくとよいでしょう？

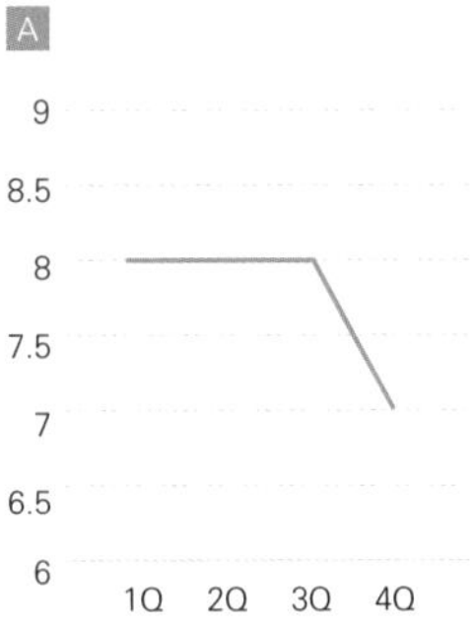

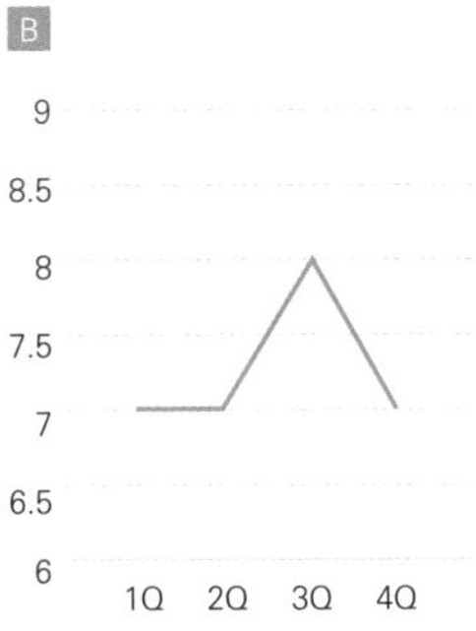

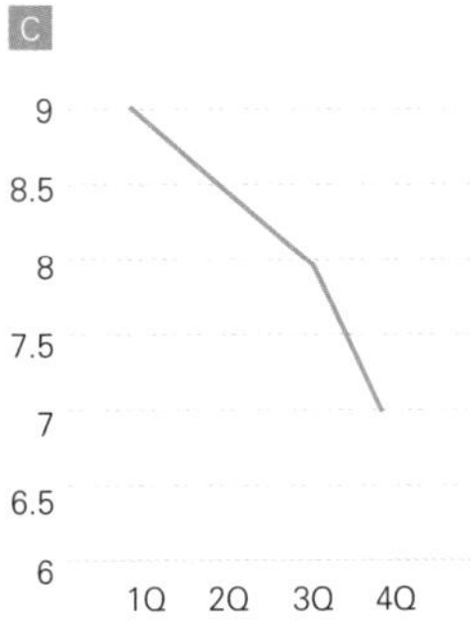

結果Aのグラフをみると、1Q、2Q、3Qとずっと8点だったところに、今

期4Qに7点に下がっていることがわかります。これまで8点が維持できていた訳ですから、今期なぜ7点に下がってしまったのか、原因は何だろうという方向で調べていくことになりそうです。

結果Bのグラフをみると、3Qから4Qは、確かに8点から7点に下がっていますが、1Qと2Qは7点と今期と変わりません。なぜ、今期下がってしまったのかを考えることもひとつの方向ですが、一方で、前期3Qの評価が高かったと解釈することもできます。なぜ、3Qはよかったのかを調べていくという方向も考えられます。

結果Cのグラフをみると、下がっているのは1Qから続いていることがわかります。そして、その下がり方は、3Qから4Qでさらに大きくなっています。「なぜ、下がり続けているのか」、「今期、これまで以上に下がった原因は何か」を調べていくことになりそうです。

このように、前期3Qと今期4Qだけの情報をみているよりは、1Qからの連続性の中でどういう変化があるのかを押さえた方が、より正確に解釈をしていくことができます。今ある情報だけで判断するのではなく、みるべき情報の範囲を広げ、「傾向」を調べるようにしましょう。気をつけたいポイントは3つです。

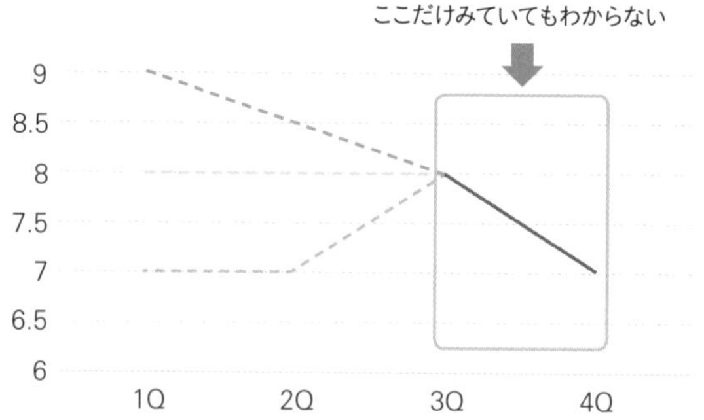

POINT

❶ **ある程度の期間の情報を取る**
❷ **グラフ化して傾向を眼でみる**
❸ **傾向を見つける**

❶ある程度の期間の情報を取る

前月と今月、昨年と今年など、「今」と「前」の比較で分析が始まることが多くあります。比較をすることによって違いがわかるためです。ただ、その比較はあくまでも、前と今の2つの期の比較でしかありません。月であれば、1年分、年であれば、少なくとも5年分は遡って情報をみてみるようにしましょう。

❷グラフ化して傾向を眼でみる

情報が得られたら必ずグラフにしましょう。グラフにする目的は傾向をつかむことです。傾向は数値を表でみていただけではみえてきません。視覚化してみて、判断するようにしましょう。

❸傾向を見つける

グラフ化できたら、それが「今期だけの事象なのか」「前から続いている事象なのか」「周期的な事象なのか」のいずれかを判別しましょう。

今期だけの事象であれば、今期何が起こったのかをさらに調べていくことができます。続いている事象であれば、それはいつから始まっているのか、傾向は加速しているのか、減速しているのか。周期的な事象であれば、どの程度の周期があるのか、その周期は長くなっているのか、変わっていないか、短くなっているのかなどを確認していきましょう。

演習問題

ある業界の競合調査を依頼されたあなた。競合のA、B、C社の店舗数を調べてみました。

	前年	今年
A	800	1000
B	800	1000
C	800	1000

ただ、残念ながら、前年と今年の比較では差がみえてきません。そこで、「ある程度の期間の情報を得る」ため、過去4年前まで遡って調べてみることにしました。

	4年前	3年前	2年前	前年	今年
A	500	600	700	800	1000
B	600	800	1000	800	1000
C	100	200	300	800	1000

そして、傾向をつかむために、次はグラフにしてみました。

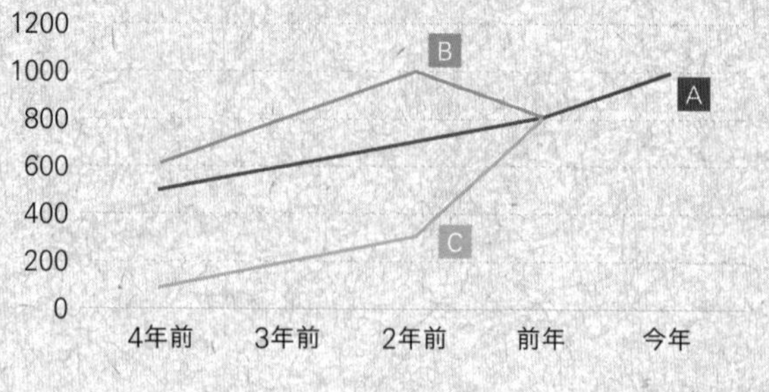

さて、先のグラフからどのような傾向が読み取れますか。読み取れた傾向に対して、どんな解釈が考えられるでしょうか。

解答

A社、B社、C社それぞれの傾向を確認していきましょう。

A社
・継続的に店舗数が伸びている
・前年から今年度にかけての伸びが、それ以前と比べて大きくなっている

B社
・継続的な伸びは2年前に一度止まっている
・2年前から前年は店舗数が減っている
・前年から今年度で元のレベルに戻っている

C社
・継続的に伸びてきている
・2年間から前年の伸びが一番大きかった
・前年から今年度の伸びはその前の1年と比べると緩やかになっている

といった傾向が読み取れます。

たとえば、堅調に伸びてきたA社はさらに加速しつつある、過去、店舗数が一番多かったB社は復活の兆し、そして、拡大が一息ついた印象のあるC社といった解釈ができそうです。いずれも、前年と今年のデータからだけではわからなかった意味合いがみえてきました。

STEP UP!

最後に、傾向がみえてきた後、何を考えていくとよいのか、そして、時系列でデータをみていく場合の留意点を押さえておきましょう。

以下の数字をみてください。これは、2008年から2016年までの全国のコンビニエンスストアの店舗数のデータです。

2008年	2009年	2010年	2011年	2012年	2013年	2014年	2015年	2016年
41714	42629	43372	44397	46905	49335	52034	53004	53628

（出所：一般社団法人日本フランチャイズチェーン協会HP）

数字だけでは、傾向がつかめませんので、グラフにしてみます。

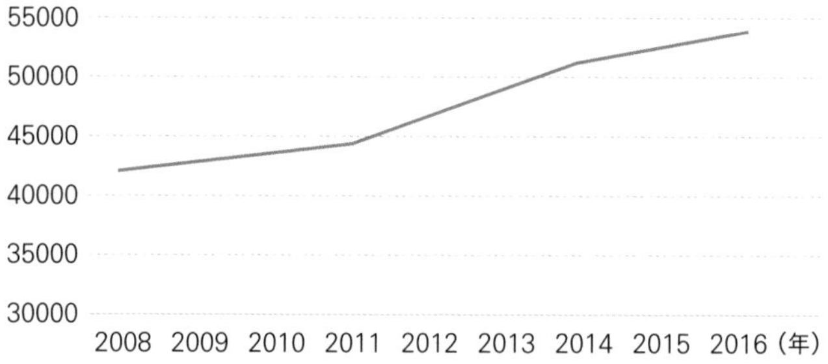

わかりやすくするために、縦軸は、3万店を原点にしています。

さて、これをみてみると、傾向として大きく3つのことが読み取れます。

・全体的に増加傾向

・2011年から増加傾向が加速している

・2014年から増加傾向は緩やかになっている

では、2つめの傾向、2011年からなぜ、増加傾向が加速しているのかを考えてみてください。2011年は、東北地方で震災が起こった年です。震災をきっかけに、これまであまりコンビニを利用してこなかったお年寄りの方が利用するようになりました。これによって、東北地方でコンビニの出店が増えたことがこの変化の理由です。

このように、傾向がみえてきたら、なぜそれが発生しているのか、その原因や理由を併せて考えていくようにしましょう。

最後に、留意点についてです。傾向が変化する場合には、そこに何らかの原因があります。そして、そこには、大きな環境変化が起こっている可能性もあります。ここでとりあげた震災は、社会的にも大きな影響のある出来事でした。

そうなると、注意しなければならないのは、データの見方や解釈、評価です。変化の前と変化の後は、社会環境の前提が違っている場合があります。

したがって、「同一の尺度で一律に評価しないこと」、同義になりますが、「どこまでの範囲が、現在と同じ前提で考えてよいのか」といった視点を持ってしっかりと考えられるようにしておきましょう。

まとめ

- ☑ **時系列のデータは、前年と今年度だけではみえてこない**
- ☑ **意識して範囲を広げてみること**
- ☑ **傾向をみるべき視点は、今期だけなのか、続いているのか、周期的な事象なのか**
- ☑ **傾向に対して定性的な解釈も試みること**
- ☑ **同じ前提で評価してよい範囲をしっかり意識すること**

LESSON 08

分けて、みる

分析の基本は分解すること、大元の数字をそのままみているだけでは何も始まりません。分解して、特徴のある傾向を見つけましょう。なぜそれが起こっているのかが考えやすくなるからです。では、どのように分解し、どのように傾向を見つければよいのでしょうか。

あなたは、玩具メーカーのショールーム担当、一定以上の来訪者数を維持することが求められています。そんな中、今週の来訪者数が900名となり、先週の来訪者数1000名に比べて、人数では100名、比率では10%、減少してしまいました。一時的なものであればよいのですが、何らかの問題が発生している可能性もあります。そこで、来訪者のデータをさらに分解して調べることにしました。

まず、「平日」と「週末」の人数に分解したところ 表1 のような結果になりました。

表1

	平日	週末	合計
先週	300	700	1000
今週	270	630	900

表からは以下のことがわかります。

・平日減った人数は30名、先週と比べて、10%減
・週末減った人数は70名、先週と比べて、10%減
・全体で減った人数は100名、先週と比べて、10%減

減った人数の比率は、全体も平日も週末もすべて10%なので、特徴のある傾向はみられません。一律に平日も週末も減っていると考えることができます。

次に、「個人客」と「団体客」の人数に分解したところ 表2 のような結果になりました。

表2

	個人	団体	合計
先週	800	200	1000
今週	700	200	900

表からは以下のことがわかります。

・個人の減った人数は100名
・団体の減った人数は0名
・全体で減った人数は100名

これにより、今週減少した100名は、団体客ではなく、個人客が減ったものだということがわかります。平日と週末で分解をしても、特徴のある傾向はみられませんでしたが、個人客か団体客かで分解をすると、特徴のある傾向が顕著に現れました。

このように、ある切り口では特徴的な傾向が現れなくても、別の切り口で分解すると、特徴的な傾向が現れることはよくあります。どこに問題があるのかを特定していくために、複数の切り口で分解をしてみるよう心掛けま

しょう。やらなければならないことは、以下、2点、シンプルです。

POINT

❶ある切り口で分けてみる

❷それ以外の切り口でも分けてみる

先の例を図も用いながら、整理しておきましょう。下図は、今週の来訪者数をイメージとして表現したものです。点線の丸が、先週との差分、今週、減少してしまった人を表します。

私たちがここでやりたいことは、減ってしまった人（点線の丸）はどのような人たちなのかを特定したいということです。

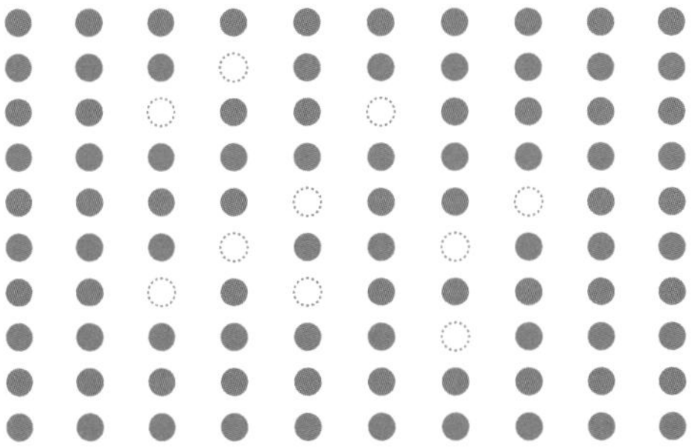

◌先週との差分（減ってしまった人）

❶ある切り口で分けてみる

まず、平日／週末別に分けてみました。ここでは顕著な傾向は見つかりませんでした。これは、次のようなイメージになります。

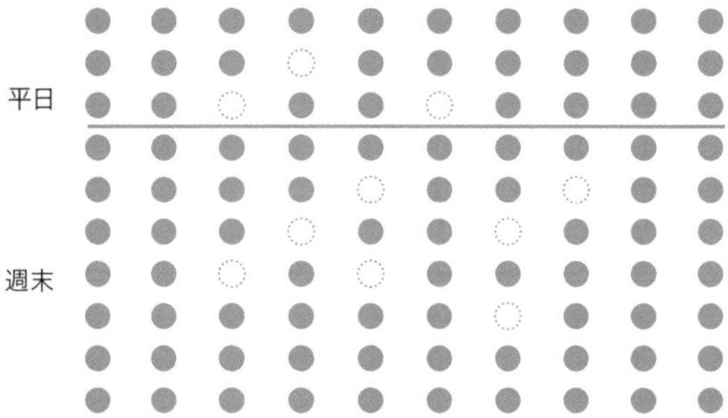

平日と週末という区分では、点線の丸に共通の傾向を特定できなかったということです。両方の領域に、点線の丸の人が入っているため、平日、週末の人数が同じように減っているという結果になります。

❷それ以外の切り口でも分けてみる

そこで、平日／週末以外の切り口、ここでは、個人と団体に分けてみたということです。その結果、団体客は減っていないことがわかり、減少したのはすべて個人客であるということがわかりました。

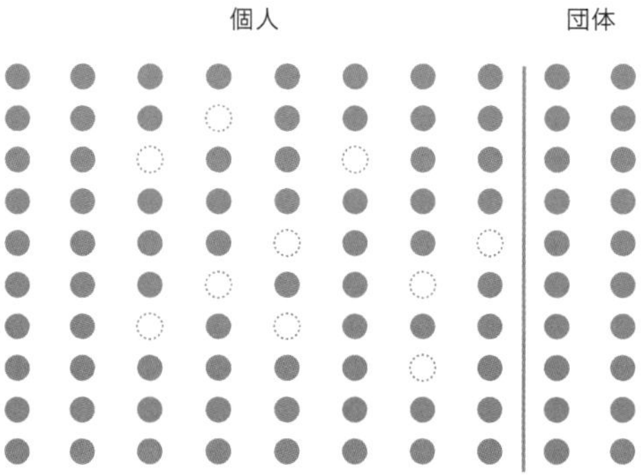

図で確認すると、点線の丸は、すべて個人に含まれるという状態であり、それゆえに団体客には変化がなかったということになります。切り口として、点線の丸すべてを含む、「個人」という特徴を切り出せたということに

なります。

このように特徴のある傾向を押さえるために、複数の切り口で分解をしてみましょう。複数の切り口で分解をすれば、特徴のある傾向が現れる可能性が増えていきます。

加えて、**もうひとつ大切なことは、何らかの特徴のある傾向が現れたからといって、そこで手を止めないこと**です。ある切り口で特徴がみえたからといって、それ以外の切り口で特徴が現れないということではありません。

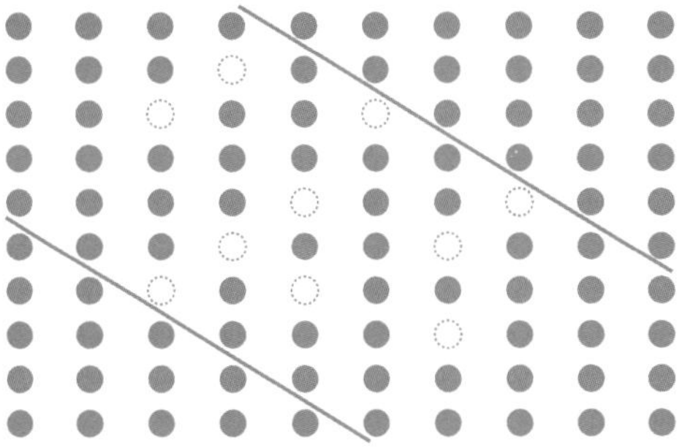

図で補足をしておくと、先ほどは、たまたま、個人・団体という切り口で特徴を切り出すことができましたが、上図のようにその他の切り口でも、特徴を切り出せる可能性があるということです。

また、**違う原因によって、複数の事象が発生している可能性もあります。**

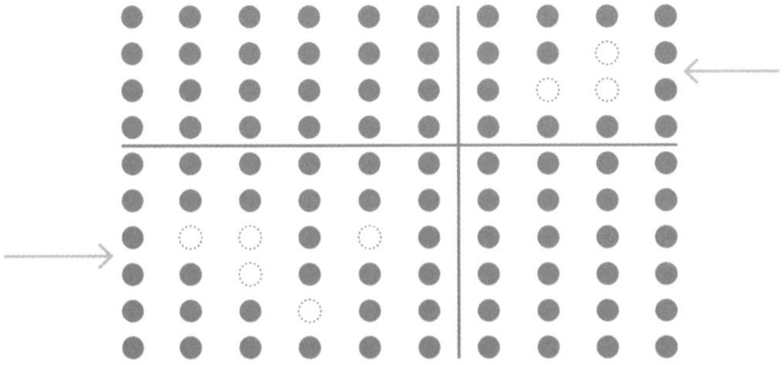

したがって、ひとつの特徴的な傾向を見つけたからといって安心してはいけません。特徴がみえてきそうな可能性のある切り口は、複数、試してみるようにしましょう。

演習問題

より丁寧に分析をするために、大人／子供別の切り口でも分解してみることにしました。表1、表2、表3からどのようなことが起こっていると解釈できるか考えてください。

表1

	平日	週末	合計
先週	300	700	1000
今週	270	630	900

表2

	個人	団体	合計
先週	800	200	1000
今週	700	200	900

表3

	大人	子供	合計
先週	400	600	1000
今週	300	600	900

解答

表1

	平日	週末	合計
先週	300	700	1000
今週	270	630	900

同じように減っている

表2

	個人	団体	合計
先週	800	200	1000
今週	700	200	900

個人が減っている

表3

	大人	子供	合計
先週	400	600	1000
今週	300	600	900

大人が減っている

3つの表から、以下のことがわかります。

- 表1 から、平日／週末の違いは特にない
- 表2 から、個人が100人減っている
- 表3 から、大人が100人減っている

個人が減っているという特徴的な傾向だけでなく、大人が減っているという特徴的な傾向もあることがわかります。このように、複数の特徴的な傾向がある場合もありますので、ひとつの傾向がみえたからといって、そこで分解を止めないようにしましょう。

一方で、この2つの事実から、「個人客の大人が100名減っている」と結論づけることは、少し慎重に考える必要があります。たとえば、表4 のような状況があり得るからです。

表4

	個人		団体		合計
	大人	子供	大人	子供	
先週	300	500	100	100	1000
今週	250	450	50	150	900
増減	−50	−50	−50	+50	−100

団体客の全体の増減を確認してみましょう。団体客の大人は、50名減、一方で、団体客の子供は、50名増となっています。その結果、団体客全体の人数は、大人の減少と子供の増加で相殺され、増減は0となり、変化していないようにみえます。

同様に、子供の全体の増減を確認してみましょう。個人客の子供は50名減、一方、団体客の子供は、50名増となっています。その結果、子供全体の人数は、個人客の減少と団体客の増加で相殺され、増減は0となり、変化していないようにみえます。

その結果、表2、表3だけだと以下の4つの事象がみえてきてしまいます。

・「団体客は減っていない」
・「子供も減っていない」
・「個人客が100名減っている」
・「大人が100名減っている」

それゆえ、表2、表3から読み取れる個人客の減少の100名と大人の減少の100名が一致してみえてしまいます。その結果をもって、個人の大人が100名減ってしまっていると解釈してしまうことは自然ではあります。ただ、本当は、表4のように、個人客の大人は50名しか減っておらず、他のいくつかの変化が本当は発生しているにもかかわらず、それらが相殺されてしまい認識できない状況もあるということです。

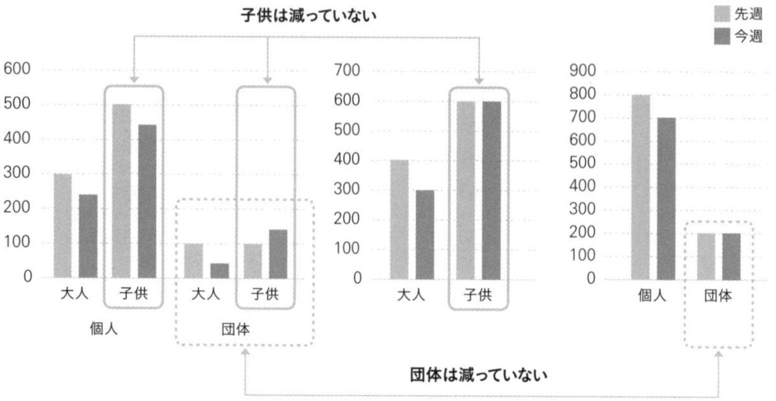

複数の切り口で、分解をした結果、数字が一致すると「それだ！」と結論づけたくなるものですが、それでは不十分だということ。たまたま表面的にそのようにみえてしまうことがありますので、安易に表面的な数字に飛びつかないことが大切です。

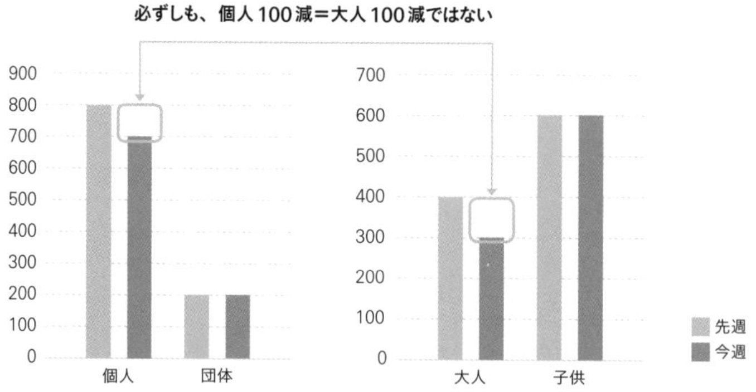

逆に言うと、表4のレベル、個人×団体、大人×子供、先週×今週のレベルまで、丁寧に分解をしなければならないということです（次の図は表4をグラフ化したもの）。

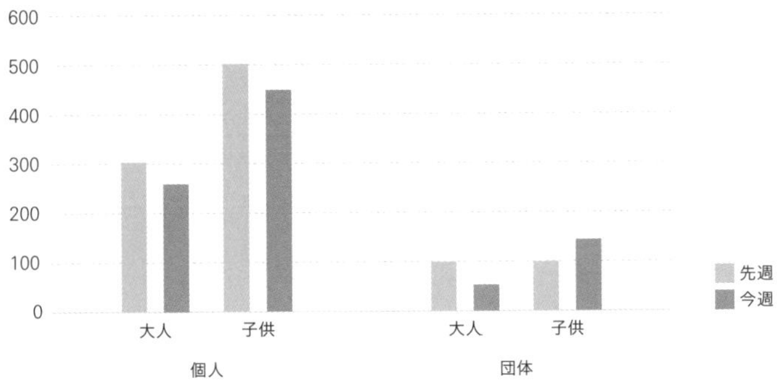

STEP UP!

最後に、複数の切り口を持つための頭の使い方を紹介しておきましょう。思いついた切り口の抽象度をあげて、その後で、具体的なものを改めて考えるという頭の使い方です。

たとえば、平日と週末という切り口は、抽象度をあげると、時間（when）の概念です。すると、今度は、時間の概念で他の切り口はないのかと考えることができます。午前／午後、平日／週末をさらに細かくして月／火／水／木／金／土／日の曜日別といった切り口が出てきます。

同様に、個人／団体の抽象度をあげてみましょう。個人／団体は、人（who）の概念です。人の概念で他に具体的にどんな切り口で分けられるかを考えると、たとえば、大人／子供や、10歳未満／10代／20代／30代／……といった切り口が出てきます。

このように、ひとつの切り口を思いついたら、その切り口はどんな概念の切り口であるのかを一段抽象度をあげて考えましょう。そして、一段抽象度をあげた状態から、具体的にどんなものがあるかを考えていくと、ひとつの切り口を起点に複数の切り口を考えていくことができます。

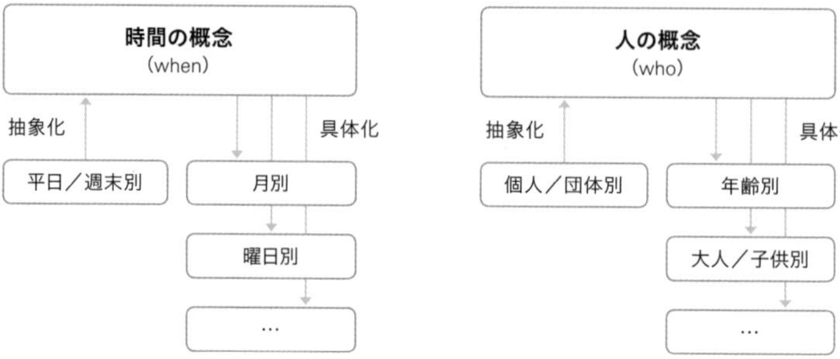

また、抽象度をあげた時間（when）、人（who）の同じ抽象度のレベルで、他の概念はないのかと考えることもできます。場所（where）やモノ（what）の概念へと、より網羅感と広がりを持って考えることもできます。

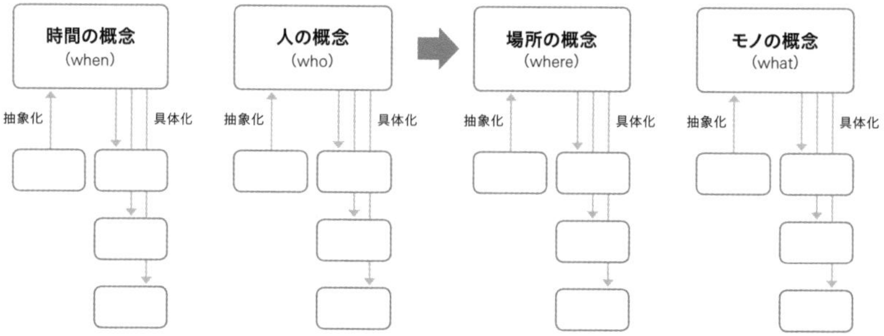

考えている対象について、抽象度をあげることができると、物事を俯瞰してみることができ、全体感を押さえられる可能性が高まります。抽象度を一段あげて物事を捉えることも習慣づけていきましょう。

まとめ

- 分析は、分解をしていくこと
- 複数の切り口で分解をしてみること
- 特徴的な傾向はひとつとは限らない
- 表面的な数字の一致に気をつけること
- 具体、抽象の往復で切り口を増やしていける

CHAPTER

3

「数字」に仕事をさせる

ロジカルに考えることができる人は、数字を上手く使うことができます。「数字」の威力は、万人に共通であること。「10」という数字は、誰にとっても「10」という値を意味します。データとして根拠に使う、数字を分解して意味合いを見出す、様々な状況において、数字に仕事をさせることができます。この章では、どのように「数字」を扱っていけばよいのかを学んでいきます。

LESSON 09 単位当たりの数字にする

一人当たり、一日当たりなど、単位当たりの数字にすることは、単なる割り算以上の意味合いをもたらしてくれます。イメージのつかない数字を身近な手触り感のある数字に変えることができます。では、具体的にどのように単位当たりの数字にしていけばよいのでしょうか。

「2018年のリンゴの全国の収穫量は、75万6100トン」（出所：農林水産省HP）この数字からリンゴの生産量が、どの程度かを想像することができるでしょうか。数値としてはわかっても、どの程度の量なのかはわかりません。

そこで、まず、重さから親しみのある個数に換えてみることにします。ここで必要なのは、リンゴ一個の重さ。さて、どのぐらいでしょうか。リンゴも品種によって大きさが異なりますが、厳密さを求めると先には進めません。ざっくり300gと想定して、計算を進めていきましょう。

300gで計算をするとリンゴの個数は75万6100トン÷300g＝約25億2000万個となります。どうでしょうか、個数にすると、重さで表現されている情報よりは、少し手触り感のある数字になってきました。ただ、これでもまだ、25億個という数量はあまりにも大きすぎてイメージできません。

そこで、今度は、人口で割って、一人当たりで考えてみることにしましょう（輸出は無視できるものとします）。日本の人口は、約1億2000万人。一人当たりに計算すると一人当たり約20個という値になります。

「リンゴの生産量は、75万6100トンです」
→「リンゴの生産量は、25億2000万個です」
→「リンゴの生産量は、一人当たり20個です」

75万6100トンというイメージがしにくかった数量を、個数に換え、さらに一人当たりの数字に換えることで、一人当たり20個という手触り感のある数字に換えることができました。

実際にやることは、丁寧に割り算を繰り返していくだけですが、計算を進める上で、2つのことを意識できるとよいでしょう。

POINT

❶「親しみ」のある単位に換える
❷ 厳密さに拘らず大体の数で計算を進める

❶「親しみ」のある単位に換える

今回の場合は、リンゴの生産量が「トン」という単位で提示されましたが、消費者としての私たちがリンゴを認識するときの単位は「重さ」ではなく、個数ではないでしょうか。同様に、お米であれば、お茶碗何杯といった身近に消費している単位で表現することで、「親しみ」のある単位に換えられます。

また、全体の量が金額で表されることも多いですので、その場合は、単価で割り、個数に換えていくとよいでしょう。

❷厳密さに拘らず大体の数で計算を進める

身近な単位に換える際、今回のリンゴの場合は、リンゴ一個の重さを類推できる必要があります。リンゴ一個が何グラムなのか……で、詰まってしまうと、先に進めません。ザックリでもいいので、手触り感のある数字に換えてその量を感覚的に理解できるようにしましょう。

今回は、リンゴ一個を300gと仮定して計算をしました。場合によっては、200gなのか、もしくは、400gなのかで迷うかも知れませんが、どれを採用しても大丈夫です。

今回、考えたいことは、大体でもいいのでイメージできる「数字」に換えることです。一般的にも「桁」が違わなければ、大体合っていると許容されます。厳密さに拘りすぎないよう注意しましょう。

また、リンゴ一個の重さがイメージできない場合は、何か知っている他のモノとの相対感で類推することも有効です。卵一個が大体50gということを知っている人は、卵と比較してリンゴの重さを類推してみることができます。何らかの基準になる値を複数持っておけるとよいでしょう。

演習問題

2018年のビールの消費量は、510万キロリットルです。これを手触り感のある数字に換えてください。（出所：ビール酒造組合HP）

解答

まず、手触り感のある単位に換えましょう。

ビールは、ジョッキ何杯で考えることもできます。しかし、ジョッキにすると大ジョッキ、中ジョッキ、小ジョッキのどれにするのか、ジョッキ一杯ってそもそも何リットル？などということを考えなくてはなりません。

そこで、単位もイメージもしやすい、350ミリリットル缶で何本分か、で考えてみることにします。

消費量を缶に換算すると、

510万キロリットル÷350ミリリットル＝約145億缶となります。

キロリットルよりは少しイメージがしやすくなりました。これをさらに手触り感のある数字にしてみましょう。

リンゴのときと同じく人口で割ってみます。ただ、先ほどと違って、ビールは、20歳未満は消費できない商品です。したがって、単純に総人口で割るのではなく、成人人口で割った方がよさそうです。

では、成人人口は、どのくらいでしょうか。総人口は知っていても、成人人口はわからないかも知れません。ただ、人口分布が均一だと仮定すれば、0歳から100歳までで、20歳までは、約5分の1。そうすると、成人人口は5分の4となりますので……

1億2000万×（5分の4）＝約1億人

仮にビールを飲む人の割合が成人人口の4割だとすると……

145億缶÷4000万人＝360缶／人・年

つまり、一人が毎日1缶飲んでいる、と考えることもできそうです。

成人人口の約4割がビールを飲んでいるという仮定そのものが合っているかわかりませんが、510万キロリットルではイメージが持てなかった数字を、一人年間で360缶と手触り感のある数字に換えることができました。

STEP UP!

手触り感のある数字として捉えるためのポイントをいくつか補足します。

❶適切な単位は世帯の場合もある

冷蔵庫やテレビなど一家に一台が基本のモノは、世帯で考えた方がよいでしょう。ちなみに、日本の総世帯数は、約5000万世帯です。

❷時間の概念で分けることもある

年間の総量ではイメージしにくい場合もあります。そんな場合は、月当たり、一日当たりに時間軸でさらに細分化してみることもよいでしょう。

❸基本的な物差しを知っておくと便利

全国にある小学校の数は約2万。郵便局の数も約2万です。さて、小学校と郵便局、共通点は何でしょうか。2つとも全国民がサービスを享受することができる施設です。

逆に言うと、全国津々浦々に何かを提供しようとすると約2万の拠点が必要になるということになります。大手コンビニのセブン−イレブンの店舗数が約2万（2019年時点）で、小学校や郵便局と同レベル。生活インフラとして、宅配などの集荷の拠点になっていることもうなずけます。

参考までに、全国にいくつあるかというデータを紹介しておきます。いずれも2019年の数字です。

	店舗数
歯科医院	約68000
ガソリンスタンド	約30000
小学校・郵便局	約20000
マクドナルド	約2900
スターバックス	約1500

歯科医院は、意外に多く、小学校の3倍以上、ガソリンスタンドも車の数や人の数よりは少ないですが、移動範囲が広いということを勘案すると小学校や郵便局よりは多くなっても不思議はありません。一方、マクドナルドやスターバックスなどの店舗は、小学校や郵便局などと比較すると実は多くないということになります。

年ごとに変化していく数字ですので、絶えずアップデートが必要になりますが、このように何かを解釈するためには、基準となる数字をいくつか持っておけると、その数字との比較感で意味合いを考えることができます。

拠点の数以外にも、人数に関するもの、金額に関するものなどについても基準を持っておけるとよいでしょう。

また、範囲も日本はもとより、アジア、世界の規模に広げることで解釈の幅が広がります。関心のあるテーマからで構いませんので、いくつかの「基準」を持っておくようにしましょう。

まとめ

- 手触り感のある「数字」にすることは重要
- 適切な単位を選択すること、その上で、単位当たりの数に割ってみること
- 丁寧に割り算をするだけで、はるかにイメージがしやすくなる
- 目的は、手触り感を持つためなので厳密さには拘りすぎない
- 基準となる数字を知っておくと解釈の幅が広がる

LESSON 10

実数と率の両方を使う

実数と率、いずれも重要ということは頭では理解していても、目の前にある数字だけで意味合いを考えようとしてしまうもの。どちらがよいのか、ではなく、どちらの要素も押さえておく必要があります。では、どのように実数と率を使えばよいのでしょうか。

2つの例を基に考えていくことにします。

・例1

営業職のA君とB君。営業スタイルに差があります。A君はとにかく足でかせぐタイプ、B君はしっかりとリサーチをしてアプローチを掛けています。ある月のA君、B君の成績が以下のようになりました。

	訪問数	受注数
A君	50	15
B君	30	12

さて、A君、B君、どちらの方が成績が優秀でしょうか。

受注数だけでなく、受注率を計算してみるとよいでしょう。

	訪問数	受注数	受注率
A君	50	15	30%
B君	30	12	40%

受注数だけを評価するとA君の方が多いため、優秀と考えることもできますが、効率性を加味すると、B君という判断もできます。

・例2

C君は、来年度の重点ターゲットを絞り込むため、昨年度と今年度の受注額を顧客別に分析してみたところ、受注額の伸びは、X社、Y社、Z社、それぞれ、20%、10%、5%増となっていました。

	伸び（%）
X社	20
Y社	10
Z社	5

そこで、一番伸びの大きいX社を来年度の重点ターゲットにしようと考えました。さて、C君にアドバイスができるとすれば、どんなことが考えられますか。

C君には、「実際の受注金額の規模も併せて確認した方がいいよ」とアドバイスしてあげるとよいでしょう。

たとえば、実際に受注金額も調べてみると、次の表のようになっている場合もあります。

	昨年の受注額	今年の受注額	伸び（%）	差
X社	100	120	20	20
Y社	200	220	10	20
Z社	1000	1050	5	50

（単位：百万円）

伸び率ではX社は確かに一番ですが、伸びた額となるとZ社が一番になります。Z社はもともとの受注額の規模が大きいため、伸び率はそれほど大きくなりませんが、差分となる実際の額は最大となります。

このように、実数と率の両方を押さえていくことが重要です。

POINT

❶ 実数をみたら比率を計算する

❷ 比率をみたら実数を計算する

❶実数をみたら比率を計算する

先ほどの例1が該当します。

	訪問数	受注数	受注率
A君	50	15	30%
B君	30	12	40%

受注数だけではなく、受注率も算出してみようということでした。では、ここで、もう1名、D君の成績を加えてみましょう。

	訪問数	受注数	受注率
A君	50	15	30%
B君	30	12	40%
D君	10	5	50%

D君は、訪問数は10件、受注数は5件、受注率は50%です。営業効率という軸では、受注率は3名の中で一番高いため、優秀だと評価してもよいでしょう。

一方で、気になるのは、訪問数、受注数の絶対量の少なさです。おそらく、売上額といった実数を加えるとD君の売上額は、A君とB君と比べて低い金額となっている可能性が高そうです。

「実数と率の両方をみて、評価をしよう」ということは、全くその通りです。一方で、**「比較して評価」をする際には、そもそもの絶対量が他と比べて極端に小さくないことが前提となる**ことを理解しておきましょう。

❷比率をみたら実数を計算する

先ほどの例2が該当します。

	伸び（%）
X社	20
Y社	10
Z社	5

率だけが提示されてしまうとどうしてもそのまま受け取り、今後のアクションも率だけを参考にしようとしてしまう傾向にあります。

比率は、比較する際には非常にわかりやすい概念ですが、あくまでも比率、全体の量との関係性の中で相対的に決まってくる概念で、絶対量はわかりません。必ず、実数と率の両方を確認するようにしていきましょう。伸び率の算出根拠にあたる数字と実数のインパクトを押さえることが重要です。

	算出の根拠		伸び（%）	実数のインパクト（差）
	昨年の受注額	今年の受注額		
X社	100	120	20	20
Y社	200	220	10	20
Z社	1000	1050	5	50

（単位：百万円）

演習問題

今度はどの商品に注力していくかを検討するために、商品別に売上を分析してみました。どの商品に力を入れるとよいでしょうか。

2018年の売上	2019年の売上
1000億円	1200億円

商品名	売上に占める割合 2018年	売上に占める割合 2019年
XXX	10%	20%
YYY	5%	10%
ZZZ	45%	50%

解答

まず、率の変化に注目してみましょう。

商品名	売上に占める割合2018年	売上に占める割合2019年	売上に占める割合の変化
XXX	10%	20%	10%増
YYY	5%	10%	5%増
ZZZ	45%	50%	5%増

割合の変化は、商品XXXが最も大きくなっています。伸びてきている商品と考えられますので、商品XXXに力を入れていこうと考えることができます。一方で、率だけではなく、実数、実際の金額で考えることが重要でした。変化を割合ではなく、実数で計算してみましょう。

商品名	売上額2018年	売上額2019年	売上額の差
XXX	100億円	240億円	140億円
YYY	50億円	120億円	70億円
ZZZ	450億円	600億円	150億円

実際にいくらの売上なのかを実数でみると、売上額での差は、商品XXXが140億円、商品YYYが70億円、商品ZZZが150億円になります。

商品XXXの実数の変化も確かに大きいですが、商品ZZZの変化はそれ以上となっています。これは、商品ZZZの占めている割合がもともと大きいことに起因します。割合としての変化は、50%－45%＝5%と決して大きくはないですが、実数ベースでは、インパクトがあるということになります。

比率だけをみていてはみえていなかった情報が実数を計算することによってみえてきました。

STEP UP!

最後に「率」について、改めて考えておきましょう。ここまで区別することなく、「率」という言葉を一律に使ってきましたが、**「率」には2つの「率」があります。**

ひとつは、構成の比率という概念です。**全体を1とした場合に、構成要素が示している割合はどの程度なのかという考え方**です。全体に対して、占めている比率が大きいのか小さいのか、影響の程度やインパクトを考えていく際に使っている比率です。

もうひとつが、変化の比率という概念です。**基準を1とした場合に、どの程度変化したかという割合**です。通常は、時系列での変化量を定量化する場合に多く使われます。1よりも大きな値になる場合も、1より小さい値になる場合もあります。

さて、では次の文を読んでください。

「昨年比で売上は50％増。国内・海外の比率は、4：6から3：7へ。海外、好調！」

よくかどうかはわかりませんが、みかけるメッセージだと思います。最初の「売上は50％増」は、昨年との比較ですので、変化の比率、後者の「国内・海外の比率」は、構成比になりますね。このように、実際のビジネスシーンでは、両方の率が、混在して語られることになります。

さらに悩ましいのが、両者が「率」という言葉や「％」といった単位で、どちらの意味の率なのか区別がつかないという点があります。数字を使う側、読む側がそれぞれ、この「率」は、構成の率なのか、変化の率なのかをきちんと理解することが必要です。

では、改めて、考えてみてください。

「昨年比で売上は50％増。国内・海外の比率は、4：6から3：7へ。海外、好調！」

国内は、好調でしょうか？　不調でしょうか？

簡単にするために、あえて、昨年の売上を100億円として、計算をしてみましょう。

	昨年	今年度	実数の変化
売上	100億円	150億円	＋50億円

構成比	昨年	今年度
国内	40%	30%
海外	60%	70%

売上	昨年	今年度	実数の変化
国内	40億	45億	＋5億
海外	60億	105億	＋45億円

売上は50％増なので、今年の売上は150億円となります。

昨年の国内・海外の売上比は、4：6ですので、国内40億円、海外60億円。今年の国内・海外の売上構成比は、3：7ですので、国内45億円、海外105億円となります。

さて、国内の売上は、昨年は40億円、今年は45億円ですので、昨年よりも5億円「増えて」います。変化の比率にすると10％以上増えていることになります。

最初のメッセージを改めて確認しましょう。

「昨年比で売上は50％増。国内・海外の比率は、4：6から3：7へ。海外、好調！」

確かに、海外が好調ということについて嘘はないのですが、海外が好調だからといって、国内が不調という訳ではありません。きちんと実数で計算をしてみると、国内も増えています。そして、変化の比率にすると約10%増（40億→45億）と決して悪いという訳ではない値です。

ここで留意したいことは、メッセージだけからの印象で、勝手に解釈をしてしまわないよう気をつけることです。国内の比率が下がっているということにひっぱられ、「国内は不調」もしくは、「国内は下がっている」と勝手に解釈をしないようにしましょう。

率が提示されている場合は、尚更、実数をしっかりと押さえる習慣を身につけておきましょう。

まとめ

- ☑ **実数だけではみえてこない情報を「率」は与えてくれる**
- ☑ **率だけからはみえてこない情報を「実数」は与えてくれる**
- ☑ **必ず実数と率の両方を算出すること**
- ☑ **実数の絶対数は前提として押さえること**
- ☑ **率には構成の比率と変化の比率の２つの意味合いがある**

LESSON 11

平均がわかっている

母集団の特徴をひとつの値で表現することができる平均値は、とても有力な指標。誰にとっても馴染みの深い概念で、意思疎通にも便利です。ただし、留意点を押さえておかないと、数字が独り歩きし、誤解につながるリスクもあります。では、具体的にどのように使い、何に気をつければよいのでしょうか。

あなたは営業部のメンバ。昨日、新規のお客さん向けに営業セミナーを開催しました。参加者は10名。5点満点の満足度アンケート、10名の結果は以下の通りでした。

表1

	データ1	データ2	データ3	データ4	データ5	データ6	データ7	データ8	データ9	データ10
点数	3	3	3	4	4	4	4	5	5	5

さて、このアンケート結果、上司に報告する必要があります。どのように報告をしますか。たとえば、3点が3名、4点が4名、5点が3名という具合に、「点数ごとに何人いたか」を報告することができます。一方でこの報告だと、おそらく、上司は、全体像を即座にイメージすることは難しいでしょう。

こんなときに、全体像をひとつの指標で伝えることができるのが、平均値です。

10枚のアンケート結果をすべて足し上げ（3＋3＋……＋5＋5＝40点）ます。

それを全体の件数で割り、40÷10＝4.0点と平均値を算出することができます。

そうすると結果については、「全部で10件、平均は4.0点でした」と、個別の結果を報告することなしに、アンケートの結果をひとつの数字で伝えることができます。そして、この平均値は、アンケートの枚数が100枚、1000枚に増えた場合にも有効です。

平均値を計算する労力は、若干かかる可能性はありますが、100枚の結果、1000枚の結果であってもそれをひとつの数字で表現することができます。**平均値は、その数値ひとつで集団全体を表すことができる代表値になります。**

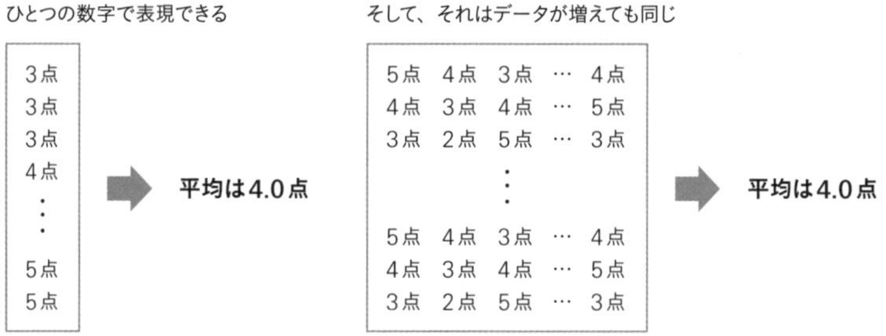

POINT

❶ 計算する

❷ グラフにする

平均値を上手く使いこなすためには、まずは、計算すること。そして、もうひとつ重要なことがグラフ化して、全体像を可視化すること！　この2つを併せて実施することを習慣化しましょう。それぞれ詳しく説明します。

❶計算する

数字を目にしたら、まず、平均値を計算してみましょう。すべてのデータの値の総和をとって、データ数で割る。計算そのものは、足し算と割り算、小学生でもできる、簡単な計算です。

❷グラフにする

そして、次に重要なのが、グラフにしてみること。グラフ化することで全体の分布がどのようになっているかを視覚的に把握することができます。

先ほどのアンケートを例に、詳しくみていきましょう。図1 は、先ほどのアンケート結果をグラフ化したものです。

全体の分布は、平均値である4点を中心に、3点と5点に均等に分布していることがわかりますね。平均値4点をこの分布を表す値（代表値）としても違和感はなさそうです。

図1

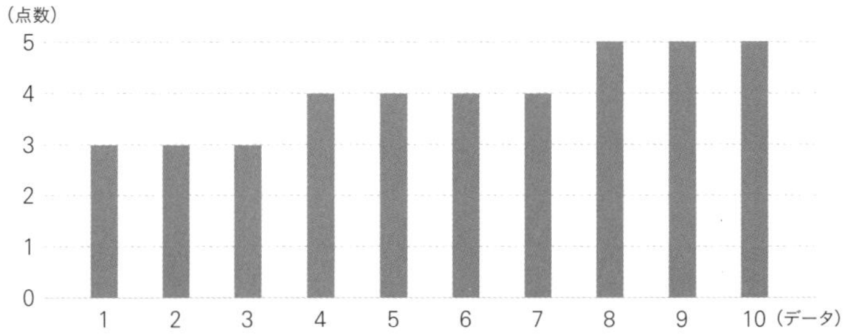

では、次に 図2 のグラフをみてみましょう。図2 のグラフも、平均値を計算すると4点になります。ただ、分布は、3点と5点に大きく2つに分かれていて、4点のデータは存在しません。この場合、平均値は確かに4点ではあるのですが、4点をこの分布を表す値（代表値）としてよいかというと、ちょっと違和感があります。

図2

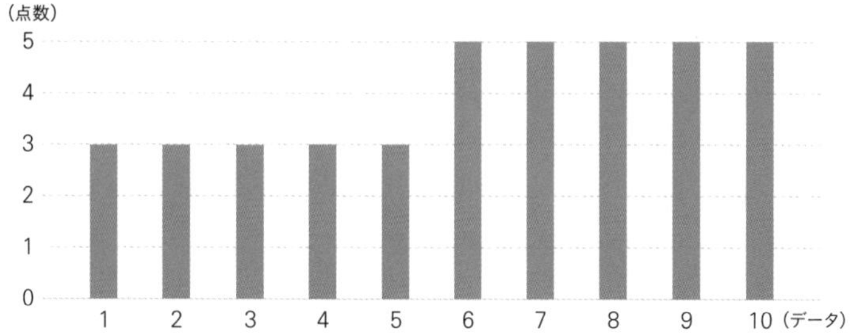

図3 のグラフもみておきましょう。こちらも、平均値は計算すると同じく4点になります。一方で、分布は、1点のデータが2つ、4点が2つ、そして、半数以上が5点となっています。半数以上が5点である中で、2つの1点が影響して、平均値は4点になってしまっています。4点をこの分布を表す値（代表値）としてよいかというと、この場合もちょっと疑問が残ります。

図3

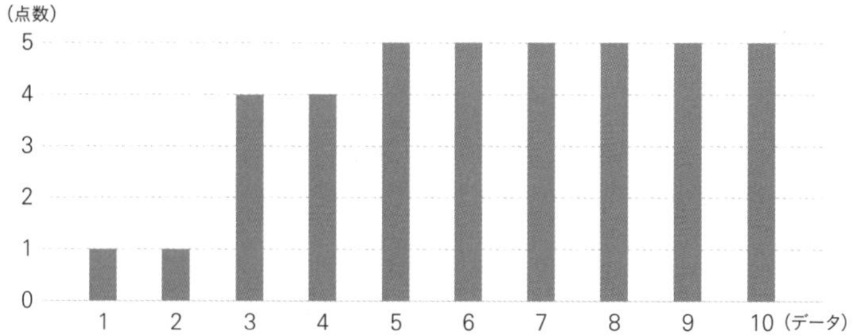

このように、同じ平均値4点であったとしても、図1 のような分布であることも、図2 や 図3 のような分布である場合もあります。つまり、平均はあくまでも、計算上出てくる値であって、どのような分布であるのかを表現している訳ではないということです。

図1

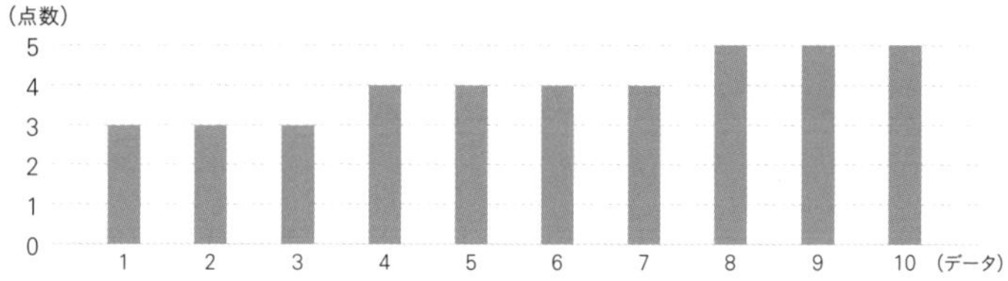

図2

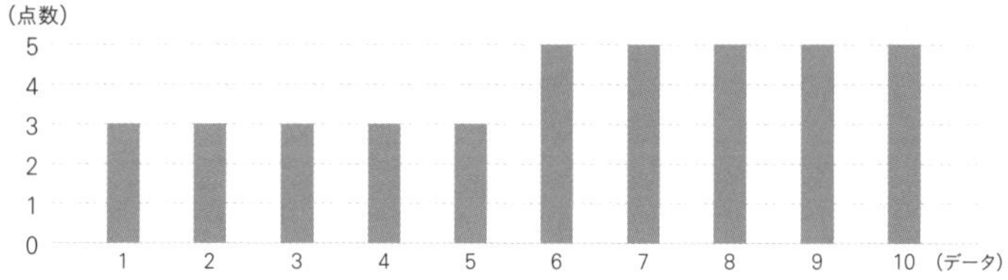

図3

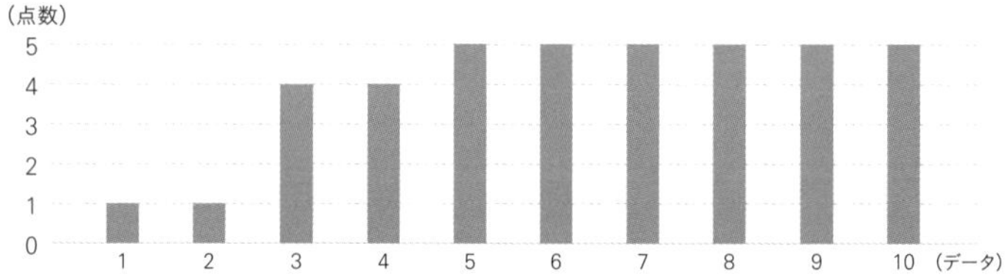

だからこそ、単に計算をするだけではなく、必ずグラフ化して、全体としてどのような分布になっているのかを押さえておくようにしましょう。

また、一般的に「平均値」を聞いたときの聞き手の認識は、図1のような分布、つまり、平均値をとっているデータが全体の中で多くを占めている状態を「自然に」思い浮かべることになります。

したがって、図1のような分布の場合に、平均値は4点でしたと報告することは、4点がデータ全体の中で多くを占めているのでそれほど問題はありません。

しかし図2や図3の分布の場合に、「平均値は4点でした」とだけ報告することは平均値が独り歩きし、受け手は、自然に図1のような分布を思い浮かべてしまう可能性があります。

したがって、図2のような分布の場合は、「平均は4点でしたが、3点と5点に二極化していました」、図3のような分布の場合は、「平均は4点でしたが、過半数の結果は5点以上、逆に一部の1点に影響を受けています」と平均値を独り歩きさせないよう、全体の分布をグラフ化してわかったことも添えて、報告できるようにしましょう。

演習問題

営業部には、Aさんから I さんまで、9名のメンバがいます。ある週の個人ごとの売上（万円）は表2のような結果でした。あなたは、この結果を報告する必要があるため、早速、計算とグラフ化を試みました。

表2

	Aさん	Bさん	Cさん	Dさん	Eさん	Fさん	Gさん	Hさん	Iさん
万円	100	101	102	109	110	111	112	113	132

❶計算する

週当たりの9名のメンバの売上の平均は

(100 + 101 + 102 + 109 + 110 + 111 + 112 + 113 + 132) ÷ 9 ＝110万円

❷グラフにする

9名の売上をグラフ化すると図4のようになりました。

図4

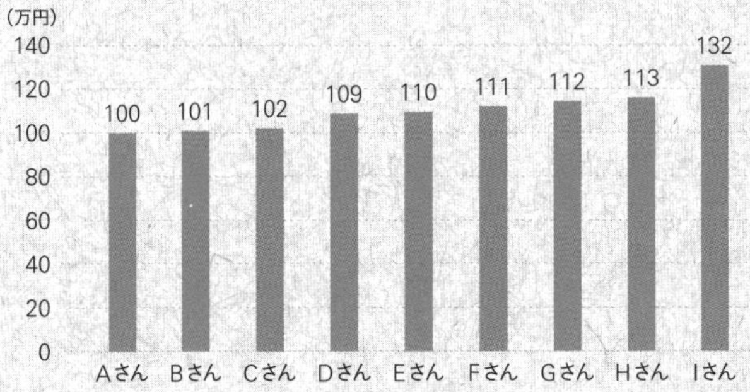

では、ここで問題です。計算された平均値（110万円）を営業部の成績（代表値）として採用する場合に留意しておかないといけない点があるとしたらそれはどんなことでしょうか（ヒント：Iさんについて、どんなことを考えておく必要がありますか）。

解答

グラフをみると「Iさん」の売上が、他の8名と比べると少し異なった傾向にあるようにみてとれます。したがって、Iさんのデータも含めて平均を計算するのであれば、Iさんが他の8名と比べて「特殊」ではなかったかということを押さえておく必要があります。

たとえば、Iさんだけが、「他の8名とは違う商材を売っていた」とか「他の8名とは違うエリアを担当していた」など、特殊な状況ではなかったかを確認しておきましょう。

平均値を代表値として考える場合には、「特殊なデータが含まれていないか」ということをしっかりと確認する必要があります。グラフ化してみることは、特殊なデータが含まれていないかを判断する際の有効な手段にもなります。

STEP UP!

最後に、平均値以外の代表値、中央値を紹介します。

中央値は、全体のデータの中の「ちょうど真ん中にあたる」データの値になります。

図4

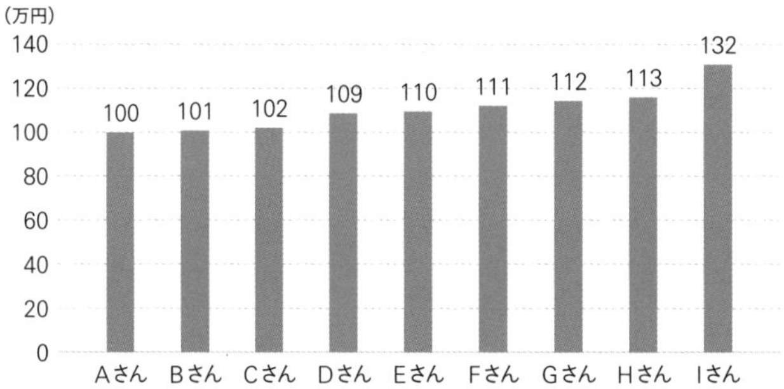

先ほどの営業部の売上のデータの中央値を求めてみましょう。

中央値は、「全体のデータのちょうど真ん中にあたるデータの値」。

今回9名のメンバがいますので、そのちょうど真ん中、5人目のデータの値（売上）が中央値となります。5番目のメンバは、Eさん。Eさんの売上は110万円ですので、中央値は110万円となります。

では、平均値と中央値にどのような特徴の違いがあるのかを確認しておきましょう。

図5 をみてください。「Iさん」の売上が222万円と、さらに、突出した値となっています。Iさんの特殊性が、図4 と比べて、さらに際立っています。

この 図5 の中央値と平均値を求めてみましょう。

中央値は、図4 のときと同じく9名のメンバの真ん中で、やはり5番目の

Eさん。Eさんの売上は110万円ですので、図5における中央値は、110万円となります。一方、平均値は、(100 + 101 + 102 + 109 + 110 + 111 + 112 + 113 + 222) ÷ 9 = 120万円となり、先ほどの図4の場合と比べると、10万円大きい値となります。

図5

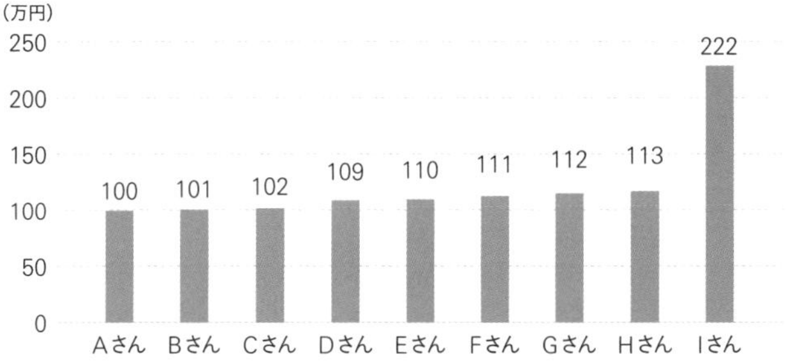

図4、図5の平均値と中央値を整理したものが以下になります。

図4

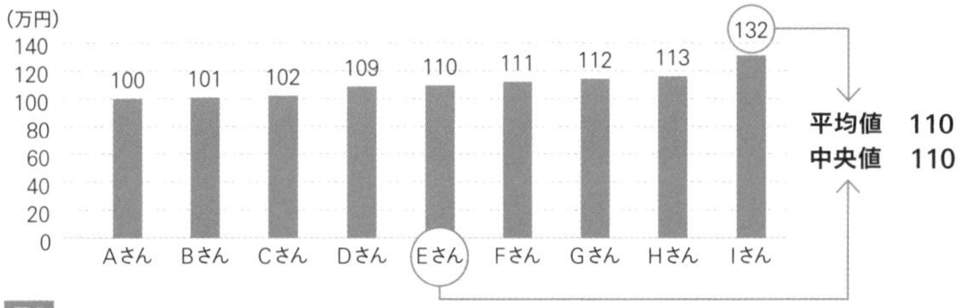

図5

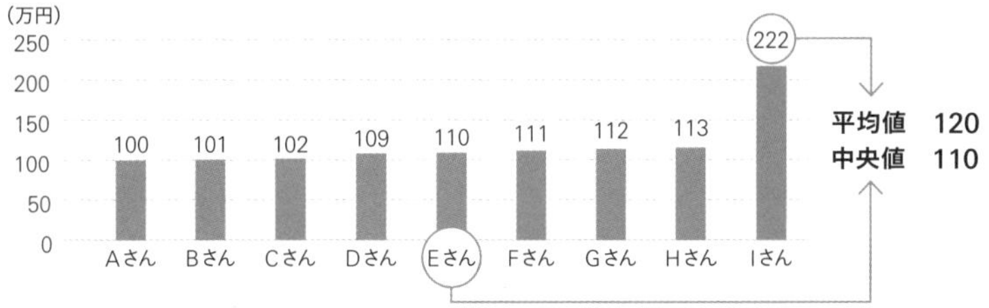

中央値は、特殊なデータの影響を受けずに同じ。平均値は、特殊なデータの影響を受けて変化

9つのデータの中で、Iさんが他の8名と比べると突出しているのは、図4も図5も同じです。平均値はそのIさんの値の影響を受けるので、図4と図5で異なっています。一方で、中央値については、図4も図5も同じ値となります。

このように、中央値は、特殊なデータの影響を受けにくいという特徴を有します。全体のデータに特殊なデータが含まれる場合や全体のデータの分布が左右対称でない場合などには、中央値を代表値として活用した方がよい場合もあるので、覚えておきましょう。

まとめ

- ☑ 平均値は、ひとつの値で集団を代表させられるので便利な指標
- ☑ 数字をみたら、計算とグラフ化を試みる
- ☑ グラフ化して、全体のデータの分布を視覚的に把握すること
- ☑ 特殊なデータが入っていないかを確認する
- ☑ 中央値も代表値のひとつ。特殊なデータの影響を受けにくいという特徴がある

LESSON 12

バラつきがわかっている

データの分布には、バラつきがあります。そのバラつきの程度を表す指標が標準偏差です。また、ある値の評価は、バラつきの程度によっても変わってきます。では、「標準偏差」はどのように算出されるのでしょうか。そして、どのように使っていけばよいのでしょうか。

バラつきを表す指標が「標準偏差」です。これは、集団の分布がどのように「散らばっているのか」、逆に「集まっているのか」を数値化して表現しようという値になります。どのように計算されるのかを、まず説明します。

ある知識を問うテストを実施したところ、図1と図2のような結果となったとします。

図1

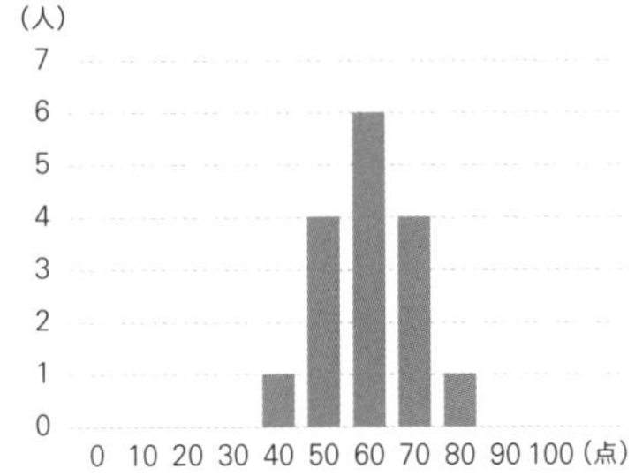

図2

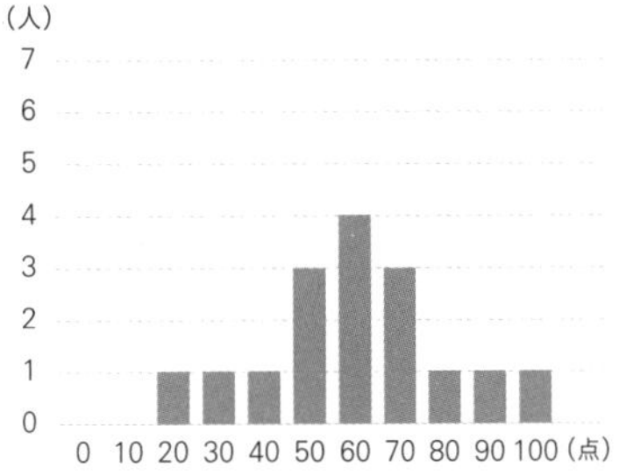

図1 は、平均点が60点、最低点は40点、最高点は80点です。
図2 は、平均点は60点、最低点は20点、最高点は100点です。

図1 は、全体の分布は、60点に高い山があり、全体的に60点付近に分布が寄っています。一方、図2 は、平均は同じく60点で、一番高い山は同じく60点付近にありますが、データのバラつきという視点では、図1 と比べるとすそ野が広がった分布になっています。**この分布の違いを数値で表現しようという値が標準偏差です。**

図1 の標準偏差は、以下のように計算をします。

離れ方（平均からの差の2乗の和）

$$
\begin{aligned}
&= (-20) \times (-20) \times 1 \\
&+ (-10) \times (-10) \times 4 \\
&+ (0) \times (0) \times 6 \\
&+ (10) \times (10) \times 4 \\
&+ (20) \times (20) \times 1 \\
&= 1600
\end{aligned}
$$

分散（個数で割る）

$$
\begin{aligned}
&= 1600 \div (1 + 4 + 6 + 4 + 1) \\
&= 100
\end{aligned}
$$

標準偏差（次元を戻す）

$$
\begin{aligned}
&= \sqrt{100} \\
&= 10
\end{aligned}
$$

同じく、図2 の標準偏差は、以下のように求められます。

離れ方（平均からの差の2乗の和）

$= (-40) \times (-40) \times 1$

$+ (-30) \times (-30) \times 1$

$+ (-20) \times (-20) \times 1$

$+ (-10) \times (-10) \times 3$

$+ (0) \times (0) \times 4$

$+ (10) \times (10) \times 3$

$+ (20) \times (20) \times 1$

$+ (30) \times (30) \times 1$

$+ (40) \times (40) \times 1$

$= 6400$

分散（個数で割る）

$= 6400 \div (1 + 1 + 1 + 3 + 4 + 3 + 1 + 1 + 1)$

$= 400$

標準偏差（次元を戻す）

$= \sqrt{400}$

$= 20$

図1 は、平均点が60点、最低点は40点、最高点は80点、標準偏差は10

図2 は、平均点は60点、最低点は20点、最高点は100点、標準偏差は20となります。

標準偏差は、大きいほどバラついているということを表す数値です。

図1

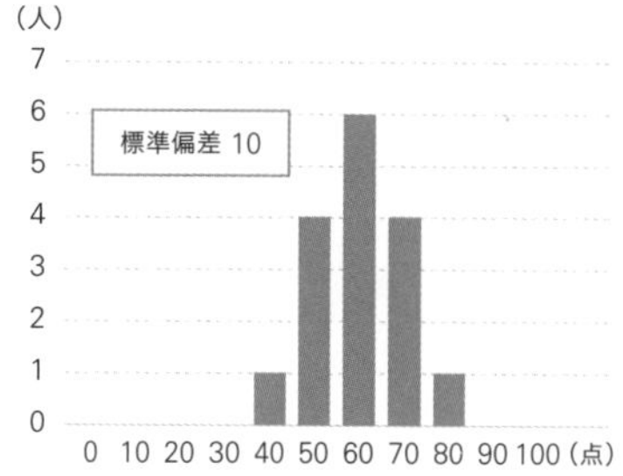

図2

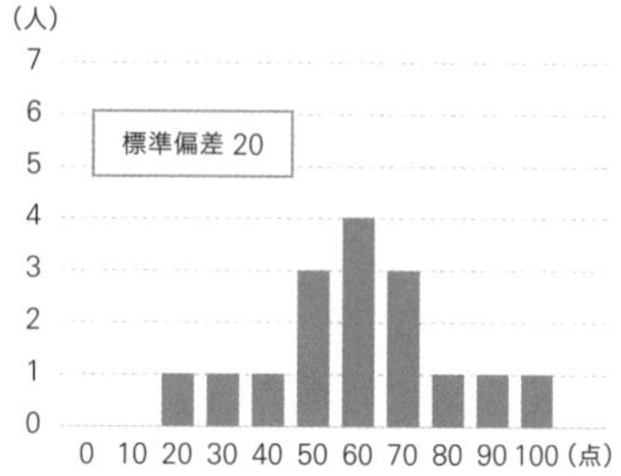

図1 の標準偏差は10、図2 の標準偏差は20、平均だけでは表せなかったバラつきの違いが、これで表現できています。標準偏差の計算のポイントは、3つです。

POINT

❶ 離れ方（平均からどのぐらい離れているか）を計算する
❷ 分散を求める（個数で割る）
❸ 次元を戻す

それぞれ、確認していきましょう。

❶離れ方（平均からどのぐらい離れているか）を計算する

図2

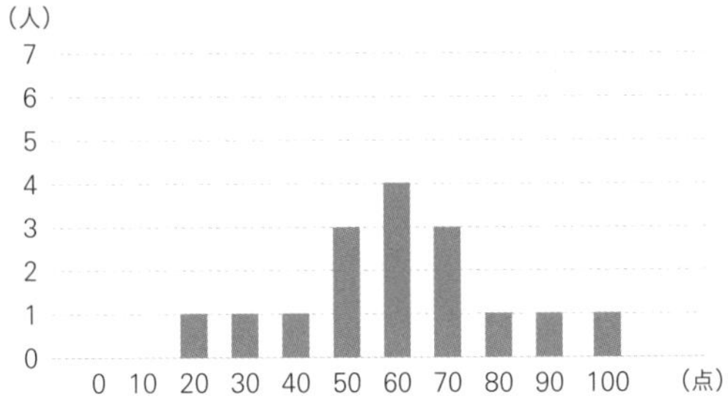

図2 をみながら計算していきましょう。まず、100点の人が1名います。100点は、平均の60点と比べると40点離れていることになります。

標準偏差を算出する際は、この離れ方を2乗します。2乗することによって、平均に対してより離れた値の影響が大きくなります。計算は、まず、離れ方を2乗して、$40 \times 40 = 1600$。離れたところに1名分データが存在するので、$1600 \times 1 = 1600$となります。

次に70点の離れ方を計算してみましょう。

平均の60点からの差は10点。離れ方は$10 \times 10 = 100$。

そして、70点の人が3名いますので、$100 \times 3 = 300$となります。

このような形で、20点1名、30点1名、……100点1名までの計算を行うと、

離れ方（平均からの差の2乗の和）

$= (-40) \times (-40) \times 1$

$+ (-30) \times (-30) \times 1$

$+ (-20) \times (-20) \times 1$

$+ (-10) \times (-10) \times 3$

$+ (0) \times (0) \times 4$

$+(10)\times(10)\times 3$

$+(20)\times(20)\times 1$

$+(30)\times(30)\times 1$

$+(40)\times(40)\times 1$

$=6400$

となります。

❷分散を求める（個数で割る）

❶で離れ方の総和が6400ということがわかりました。そこで、次は個数で割り、離れ方の平均を出します。今回は16名のデータなので、

$=6400\div(1+1+1+3+4+3+1+1+1)$

$=400$

この400が、「分散」といわれる値となります。

❸次元を戻す

離れ方は、分散で表現できているのですが、これは、平均からの離れ方を2乗して算出した数字です。そこで、元の数字の次元に揃えるために、平方根（ルート）をとります。

$\sqrt{400}=20$

これが標準偏差となります。

では、次に標準偏差を使ってどのように解釈をしていけばよいのかを押さえておきましょう。

このテスト、図1は論理思考力、図2はコミュニケーション力のテスト、そして、A君の成績は、論理思考力の結果は70点、コミュニケーション力の結果も70点だったと仮定します。

	論理思考力	コミュニケーション力
A君の成績	70点	70点
平均点	60点	60点
標準偏差	10	20

さて、論理思考力、コミュニケーション力、どちらの結果の方がよかったと考えられますか。

私たちは、先ほどのグラフを知っていますが、実際のビジネスでは、上述のようなデータが与えられ、そこから解釈をしなければならないことも往々にしてあります。したがって、A君の成績、そして、平均点、標準偏差から、A君の成績について評価ができることが重要です。実際に評価をしていきましょう。

まず、平均点からの差を考えます。論理思考力のテストもコミュニケーション力のテストも平均点は同じ60点です。そして、A君の成績もともに、70点です。いずれも、平均よりも10点よい点が取れています。平均点からの差という意味では、論理思考力、コミュニケーション力、優劣はつけられません。

では、次に、標準偏差を加えて評価します。標準偏差は論理思考力が10、コミュニケーション力が20となっています。これは、論理思考力のテストの方が、バラつきが小さかったということです。つまり、60点の付近にデータが集中していて、30点や40点、もしくは80点や90点などの点数の人は多くなかったということを意味します。

一方で、コミュニケーション力のテストは標準偏差が20と論理思考力よりも大きくなっています。これはデータが、バラついていたことを意味し、60点の平均から離れた点をとった人が比較的多くいたということになります。

そうすると、A君の点数は、同じ70点ですが、論理思考力は多くの人が平均の60点に集中している中での70点。コミュニケーション力は60点から離れた点を取っている人が多い中での70点ということになります。したがって、どちらが優秀であったかというと、論理思考力のテストの結果の方が優れていたと考えることができます。

演習問題

営業1課と2課は、ライバルの営業課。ある月の営業1課、2課の売上額の平均は、営業1課、2課ともに200万円でした。そして、一人当たりの売上の標準偏差は、営業1課が10万円、営業2課が20万円でした。

ある月の売上

	営業1課	営業2課
平均売上額	200万円／人	200万円／人
標準偏差	10万円	20万円

さて、営業1課のA君は、220万円、営業2課のB君が、230万円の売上だったとするとどちらがより頑張っていると言えるでしょうか。平均売上額と標準偏差を考慮して考えてください。

解答

営業1課のA君の売上は、220万円。

220万円（A君の売上）－200万円（営業1課の平均売上）＝20万円

営業1課の平均売上額は200万円ですので、平均よりも20万円多く売っていることになります。

そして、営業1課の標準偏差は、10万円。

20万円÷10万円＝2

A君は標準偏差の2倍分、売っているということになります。

同様に計算をしていくと、営業2課のB君の売上は、230万円。

230万円（B君の売上）－200万円（営業2課の平均売上）＝30万円

営業2課の平均売上額は200万円ですので、平均よりも30万円多く売っていることになります。

そして、営業2課の標準偏差は、20万円。

30万円÷20万円＝1.5

B君は標準偏差の1.5倍分、売っているということになります。

売上額は、A君の220万円よりもB君の230万円の方が多く、平均からの差も、A君は20万円、B君は30万円とB君の方が多くなっています。額だけで評価をするとB君の方が頑張っているようにみえます。

ただ、標準偏差を考慮するとA君は、平均に対して標準偏差の2倍分の売上、B君は、標準偏差の1.5倍分となり、バラつきを考慮するとA君の方が頑張っているという評価になります。

このように、**単純に売上額、平均との差分といった視点だけからはみえてこない意味合いを標準偏差は与えてくれます。**

STEP UP !

最後に、次のようなケースを考えてみましょう。

360度評価の結果を考えてみます。ともに8人の同僚がいる、X君とY君。協調性の評価（5段階評価）の平均点は、次の表のようになりました。どんなことが言えそうですか？

	X君	Y君
平均点	4点	4点
標準偏差	0.5	1.5

ともに、平均点は4点ですので、同じ程度の評価と考えることができますが、標準偏差は、X君は0.5点、Y君は1.5点と値が違います。X君は標準偏差が0.5と小さいため、平均の4点の付近に多くのデータがあるということになりますが、Y君は標準偏差が大きいため、データはバラついていることが予想できます。しかも、平均点が4点、最高点は5点ということを勘案すると、低い点をつけているメンバが少なからずいそうだということになります。

以下のグラフは、平均4、標準偏差0.5、平均4、標準偏差1.5の場合の分布の例です。

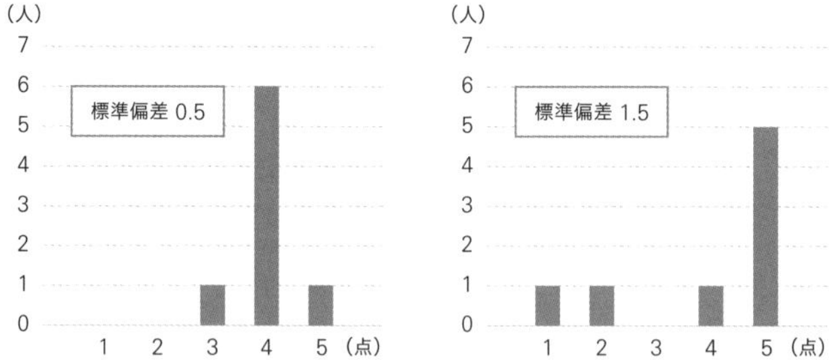

このグラフからたとえば、「X君は誰とでも協調性を発揮することができ、メンバからの評価に極端な違いはない。一方で、Y君は相性に特徴があり、好かれる人からは好かれるが、合わない人とは合わないといった傾向がある」と考えることができます。

また、数学的に、データのバラつきがどのようなものであれ、平均値±（標準偏差）×2までの範囲に必ず全体の4分の3以上のデータが存在することが証明されています。これを知っておくと、平均と、標準偏差を手掛かりに、どの範囲に主にデータが存在しているのかを類推することもできます。

今回の場合、X君は平均が4点、標準偏差が0.5ですので、標準偏差の2倍は1。したがって、4±1、3点から5点の間に全データの75%以上が入りそうということになります。一方で、Y君の場合は、平均が4点、標準偏差が1.5ですので、標準偏差の2倍は3。本来は1点から7点の間に全データの75%以上が入りそうということになります。ただ、上限は5点までしかありませんので、バラつきの観点からは極端に低いデータが存在していそうということが類推できそうです。

平均だけではわからない、分布の状況をバラつきは教えてくれます。しっかりと解釈できるようにしておきましょう。

まとめ

- ☑ **バラつきは、集団の分布（散らばり）を表現する指標**
- ☑ **2乗することで離れ方が効くようにしている**
- ☑ **標準偏差が大きいと散らばっている、小さいと集まっている**
- ☑ **平均と標準偏差で、データの評価が可能になる**
- ☑ **標準偏差を手掛かりにどこにデータが集中しているかも類推することが可能**

CHAPTER

4

上手く「伝え」、上手く「聞く」

「ロジカル」に考えることができても、それが、相手に伝わらなければ、成果にはつながりません。一人でできることには限りがあり、他者の協力が必要だからです。そこで必要になるのが伝える力、聞く力です。ここまでは、自分の思考を中心に考えてきましたが、ここでは、他者との相対性の中で、頭を使っていく必要があります。この章では、どのようにすれば上手く伝え、上手く聞くことができるのかを学んでいきます。

LESSON 13

相手の立場からメッセージを考えよう

人は、とかく自分の知っていることや自分の話したいことを伝えがちです。ただ、それは、必ずしも相手が聞きたいことではありません。そして、コミュニケーションは、どう伝わったかがすべて。では、相手の立場からメッセージを考えるためには、どうしたらよいのでしょうか。

家電量販店に、あなたはパソコンを買いに出かけました。同じパソコンについて、3人の店員が説明をしてくれました。

店員Aは、「このパソコン、重さは800gで、8時間使えます」。

店員Bは、「このパソコン、軽くて、バッテリーも長持ちします」。

店員Cは、「このパソコン、持ち運びが楽で、外でも使えます」。

さて、3人の店員のメッセージの違いは、何でしょうか。

店員Aは、「事実」を中心に説明をしてくれています。重さ、使える時間が数字と一緒に語られています。

店員Bは、「評価」にまで踏み込んで説明をしてくれています。単に事実を述べるだけではなく、それがよいことなのか、あまりよくないことなのか、ここでは、「800g」を「軽い」、「8時間」を「長持ち」と、事実を良し悪しの情報に変換してくれています。

店員Cは、「評価」からさらに一歩踏み込んで「相手にとっての意味合い」について言及しています。「軽い」から「持ち運びが楽」、「長持ち」だから「外でも使える」と、相手の利用シーンをイメージしてコメントしています。

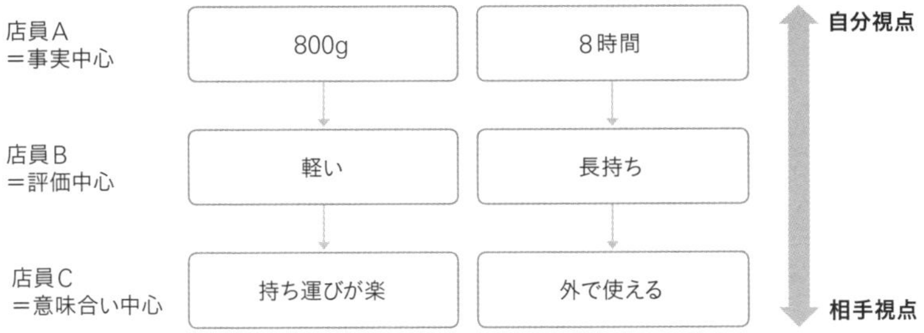

店員A、B、Cの説明のどれがよいのかは、相手によって変わりますが、とかく、コミュニケーションで起こりがちなのは、店員Aのパターンです。

なぜならば、事実を伝えることは、自分が持っている情報をそのまま伝えればよい内容で簡単だからです。一方で、店員Bや店員Cのように、評価や意味合いに踏み込もうと思ったら、事実を起点に、一手間かけて、思考の範囲を広げた上でないとコメントできません。

コミュニケーションは、相手に伝わって初めて意味があるもの。自分が持っている情報だけを伝えるのではなく、相手にとって意味のあるメッセージに換えてコミュニケーションできるようになりましょう。

自分が伝えたいことが出てきたら、「自分と相手、一人二役で会話のキャッチボールを複数回繰り返すようにしましょう」。ポイントは3つです。

POINT

❶自分の言いたいことを明確にする
❷相手の視点で、❶で自分が言おうとしていることを相手が聞いたとしたらどんなことが頭に浮かびそうかを考え、問いの形で表現する
❸自分の視点に戻して、❷で相手の立場で頭に浮かんだ問いに応えるメッセージを考える

これを複数回、繰り返します。具体的に、先の例で考えてみましょう。

❶ 自分の言いたいことは、「パソコンは、800g」です。
❷ 相手の視点で考えましょう。「パソコンは、800g」と聞いたとき、どのようなことが頭に浮かびそうかを考えてみましょう。たとえば、「800gと言われてもそれは重いのか軽いのか?」が想定できます。
❸ 自分の視点に戻します。❷で想定した問いに応えると、「パソコンは、軽い（もしくは重い）」となります。

さて、ここからは2周目です。
❶ 自分の言いたいことは、「パソコンは、軽い」。
❷ 相手の視点で、たとえば、「軽いと何がよいの?」。
❸ 自分の視点に戻して、「持ち運びが楽」。

このように伝えたいことが出てきたら、そのメッセージを受け取った相手がどのように感じるのかを丁寧に考えましょう。
実際には、ひとつの発言に対しても、相手の視点から複数の問いが考えられます。また、何が本当に相手の頭に浮かぶかはわからない状況です。
しかし、この手順を複数回踏むだけでも、自分の伝えたいことだけを自分目線で伝えてしまうリスクは下がります。逆に、相手の関心に沿ったメッセージになる可能性は格段にあがるでしょう。

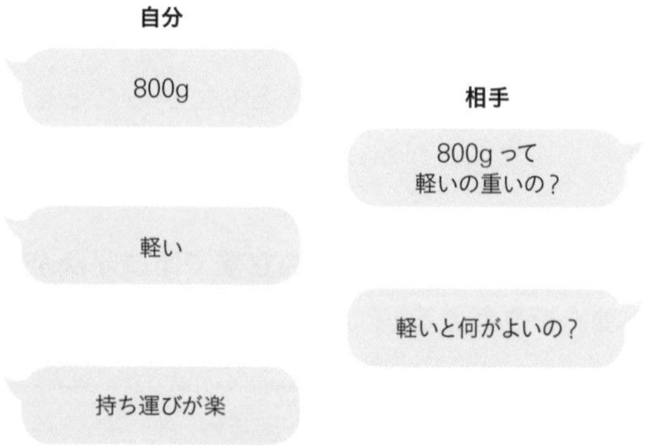

演習問題

あなたは、X市の観光促進課のメンバです。より多くの観光客にX市に来てもらうために、「X市に来てください！」ということをアピールできるとよいなと考えています。ただ、「X市に来てください！」は、あなたが言いたいことであって聞き手が聞きたいことではありません。

「自分と相手、一人二役で会話のキャッチボールを複数回繰り返して」観光客へのメッセージを考えてみてください。

解答

たとえば、以下のような流れがあるかも知れません。

❶ 自分「X市に来てください」
❷ 相手「どうして?」
❸ 自分「自然環境が豊かです」

(2周目)
❶ 自分「自然環境が豊かです」
❷ 相手「自然環境が豊かな場所は他にもあるけど?」
❸ 自分「海と山の両方が楽しめる場所です」

(3周目)
❶ 自分「海と山の両方が楽しめます」
❷ 相手「両方楽しめると何がよいの?」
❸ 自分「海好きな人にも山好きな人にもどちらにも満足してもらえます」

X市がアピールできるポイントによって、実際の内容は変わってきますが、**大切なことは、言いたいことだけを伝えないこと。**相手の視点に立って、自分が言おうとしていることが相手にどのような意味を持つことになるのかを考え続けるようにしましょう。

[一人二役で、自分と相手で会話のキャッチボールをする]

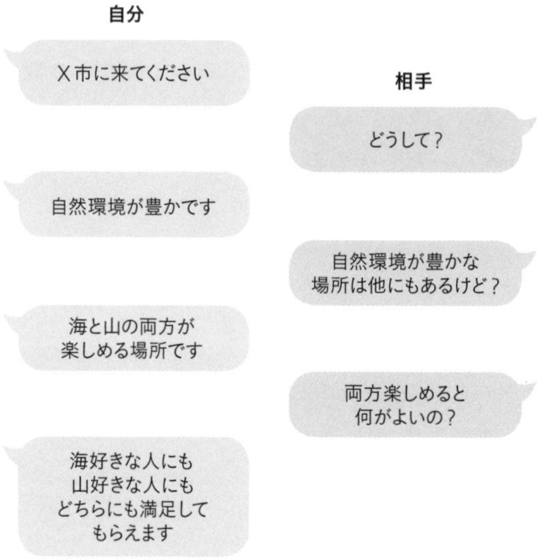

STEP UP!

最後に、このアプローチのメリットについて、確認しておきましょう。

ひとつめは、ここまでやってきたことですが、相手の視点を意識することで、自分の言いたいことを相手にとって意味のあるメッセージに換えることができるという点です。

2つめは、自分の言いたいことを自分でチェックできること。先ほどの「会話のキャッチボールの全体像」に対して、自分のメッセージに対しては「前向きなツッコミ」を、相手の問いに対しては、「問いの意味合いを吟味」することができます。たとえば、次のようなチェックを入れることができます。

［一人二役で、自分と相手で会話のキャッチボールをする］

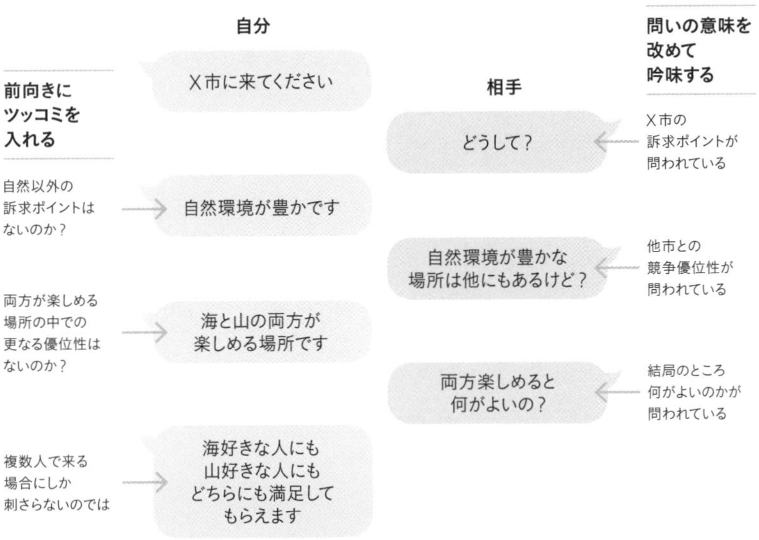

このようなチェックが入れられると、他に考えておかなければならないポイントとして、

・X市の訴求ポイントは、何なのか、自然以外にはないのか？
・他市との差別化要素は何なのか、X市ならではの特徴は何なのか？
・（両方楽しめる）ということは、どんな意味を持つのか、誰に刺さるメッセージなのか？

といったことがあることがわかります。

これらの要素は、このキャッチボールの全体像を俯瞰し、自らチェックを入れることができたからこそみえてきた視点です。

そして、3つめが、学習が効くため、次につながりやすいという点です。事前にこの「キャッチボール」をして、コミュニケーションに臨んだ場合は、結果がどうであれ、何が想定と同じだったのか、逆に何が違っていたのかをしっかりと振り返ることができます。

一方、何の準備もせず、丸腰で臨んだ場合は、持ち帰るものは何もありません。話が上手い人も、最初から上手かった人は稀で、実はこういった愚直な準備をして経験を重ねてきているものです。

伝えたいことがあったら、それに対して、自分が言おうとしていることはどのように受け取られるのかを相手の視点で考え続けること。これを繰り返すことがコミュニケーション力を強化していく近道です。

[一人二役で、自分と相手で会話のキャッチボールをする]

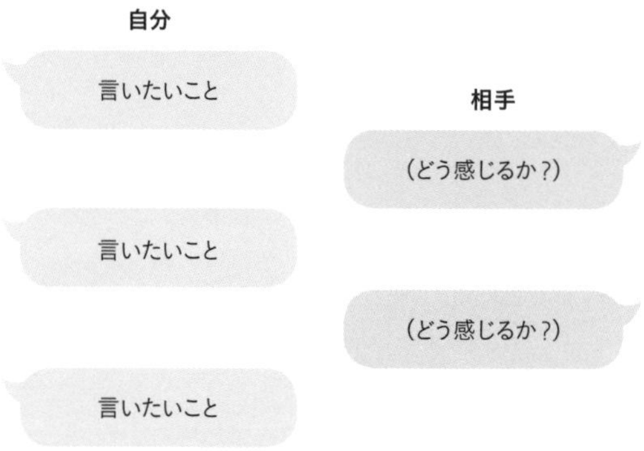

まとめ

- コミュニケーションは伝わった結果がすべて
- 自分の言いたいことではなく相手の聞きたいことに応える努力が必要
- 一人二役で自分と相手で会話のキャッチボールをすること
- キャッチボールの全体像に対して、チェックを入れることで考慮すべき他の点がわかる
- プロセスを踏むことで学習が効き、コミュニケーション力強化の近道になる

LESSON 14 自分の言いたいことがわかる

人は伝わらない原因を相手に求めがちです。でも、実は自分自身が何を言いたいのかがしっかり理解できていないことが原因である場合も少なくありません。では、自分が言おうとしていることが何なのかをどのように理解していけばよいのでしょうか。

新しいチームメンバに誰を加えたらよいかを提案して欲しいと上司に言われ、あなたは、A君を推薦したいと考えています。そこで、A君を推薦するための主張と根拠をパターン1、2と2つ考えました。

・パターン1
主張　「A君は優秀だ」
根拠　「業務知識が豊富」「コミュニケーション力が高い」

・パターン2
主張　「A君は優秀だ」
根拠　「業績も出している」「人望もあつい」

さて、言いたい主張はともに「A君は優秀だ」ということですが、根拠がパターン1、2で違っています。どちらの根拠の方がよいのかを考えてみましょう。

パターン1は、いずれもA君の保有している知識や能力についての情報です。一方、パターン2は結果として起こっている事象について述べられています。どちらがより根拠として説得力があるかというと、パターン2です。なぜなら、保有している知識や能力は結果に結びついてこそ意味があるからです。

ここで重要なのは、パターン1は【保有の知識や能力】を基に根拠づけようとしていることがわかること、同じくパターン2は【結果として起こっている事象】を基に根拠づけしようとしていることがわかることです。

目の前にある情報や考えているレベルを俯瞰して、何を考えているのかを認識できるようにしていきましょう。

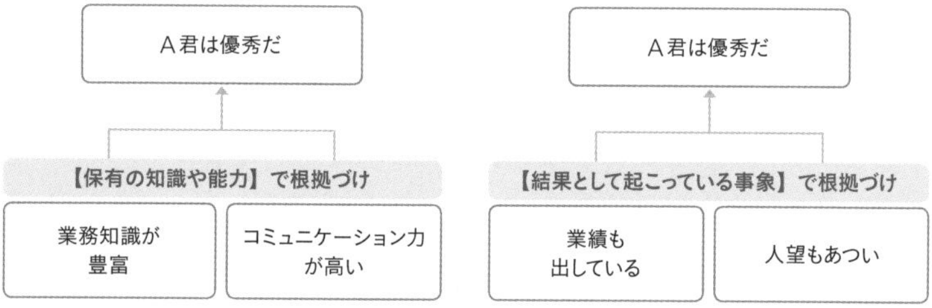

俯瞰して、何を考えているかを認識するためのポイントは2つです。

POINT

❶ 主張の中身を「行為」として捉えなおす
❷ 根拠の内容は、結局何を言おうとしているのか「ラベル」をつけてみる

❶主張の中身を「行為」として捉えなおす

具体的に先の例で考えてみましょう。根拠の意味合いを考える前に、まず、「どういう主張をしているのか」を押さえておくようにしましょう。

あなたの主張は、「A君は優秀だ」ですが、ここですることは、「行為」として何をしているかを改めて考えるということです。行為は、述語から読み解くことができるので、述語を確認しましょう。

「優秀だ」という述語は、「優秀」と【評価】をしていることになります。そう考えると、何をもって、優秀と【評価】できるのかということが、根拠に求められる要件ということになります。

❷根拠の内容は、結局何を言おうとしているのか「ラベル」をつけてみる

根拠として何を述べているのかを考えるには、根拠に「ラベル」をつけてみるということを意識してみてください。

「業務知識が豊富」「コミュニケーション力が高い」に「ラベル」をつけてみましょう。これらは、【保有の知識や能力】になります。同様に、「業績も出している」「人望もあつい」につけられる「ラベル」を考えてみましょう。これらは、【結果として起こっている事象】であると整理することができます。

するとパターン1は、「評価」を「知識や能力」の観点から支えようとしている、パターン2は、「評価」を「結果として起こっている事象」から支えようとしていると捉えなおすことができます。自分が何を言おうとしているのか、俯瞰してみると、以下のような図で整理ができます。

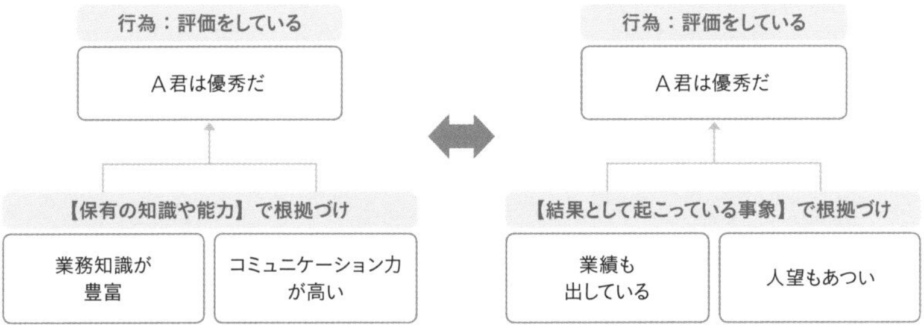

[パターン1]　[パターン2]

このようにラベルをつけて俯瞰することができると何がよいのかを、確認しておきましょう。結論としては、どちらがよいのかの比較で悩む必要がなくなるということです。もし、俯瞰しなければ、あなたは、以下の図の内容でどちらがよいのか、根拠の中身で悩むことになります。

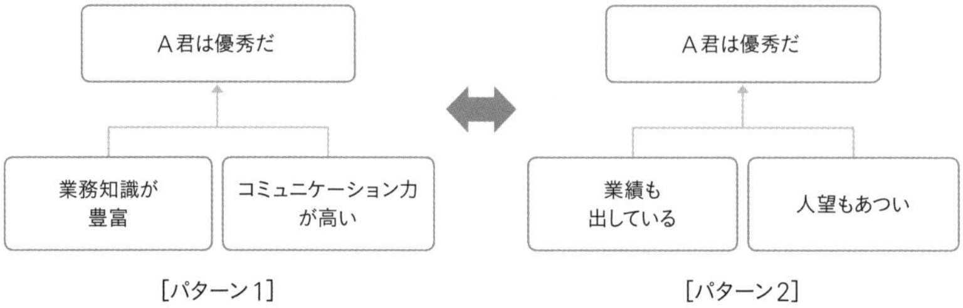

一方で、先ほどの俯瞰的な思考ができると、「行為」と「ラベル」が意識でき、自分の言いたいことを以下のように捉えなおすことができます。

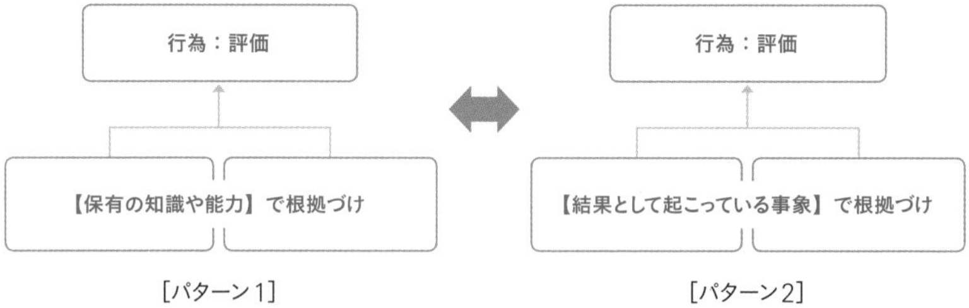

こうすることによって、「評価」の根拠として、保有の知識や能力がよいのか、結果として起こっている事象がよいのかという視点で比較検討できるようになります。

言いたいことの意味合いを主張と根拠について、俯瞰して捉えられるようにしていきましょう。

演習問題

チームの運営を考えているあなた。「メンター制を導入してはどうか」ということをメンバに伝えたいと考えています。

そこで、「メンター制を導入しよう」という主張を支える根拠として、2つのパターンを考えてみました。

パターン1
根拠「手軽に実行できる」「コストもかからない」

パターン2
根拠「コミュニケーションが円滑になる」「互いをサポートできる」

主張は「行為」として何をしていることになりますか？

パターン1の根拠、パターン2の根拠づけにはどんなラベルが貼れますか？　考えてください。

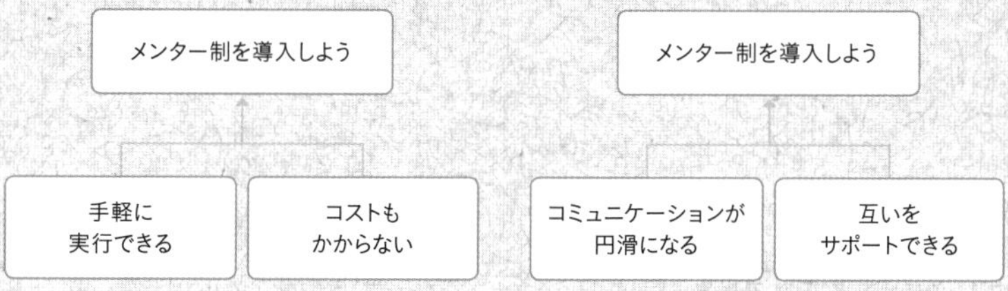

［パターン1］　［パターン2］

解答

❶主張の中身を「行為」として捉えなおす

行為は、述語に表れます。今回は、「導入しよう」です。これは、行為としては「提案」、メンター制という手段を提案していることになります。すると、「提案」に対する根拠は、その提案が「なぜよいのか」について、述べられるものになると考えられます。

❷根拠の内容は、結局何を言おうとしているのか「ラベル」をつけてみる

では、次に、根拠にラベルをつけてみましょう。

パターン1の「手軽に実行できる」「コストもかからない」というのは、いずれも手段についての「やりやすさ」という視点でのコメントと捉えることができます。

それに対して、パターン2の「コミュニケーションが円滑になる」「互いをサポートできる」は、手段を実施した後に起こりそうな「効用」について言及していると捉えることができます。

整理をすると、行為は、「手段の提案」、それに対して、パターン1は手段の実行容易性を中心に根拠づけようとしています。パターン2は手段の効用を中心に根拠づけようとしていると捉えることができます。

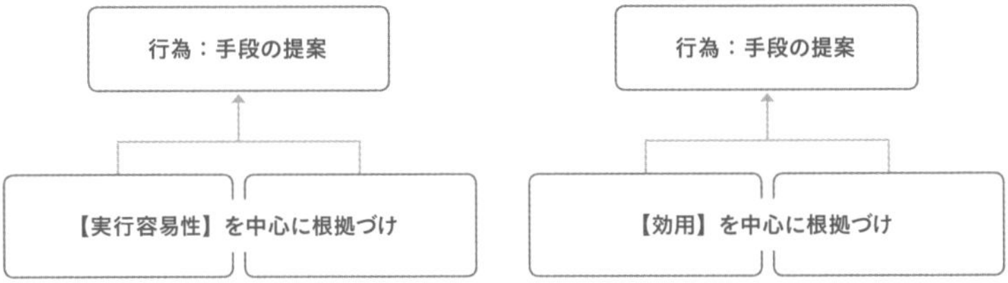

[パターン1]　[パターン2]

少し砕けた言葉で表現すると、パターン1の提案は、「(効果はわからないけど) とりあえず簡単にやろうと思えばやれるのでやってみよう」という提案です。一方、パターン2の提案は、「(きっと) よいことがあるからやってみよう」という提案であることになります。

今回のケースについては、両方の根拠づけが考えられます。**自分の言いたいことがどちらのイメージに近いのか、もしくは、相手はどちらの方が納得してくれそうなのかで、選んでいくとよいでしょう。**

STEP UP!

最後に、相手に対して「何を求めているのか」ということに対しても、自分自身で意識できるようにしておきましょう。コミュニケーションは、相手に対して、目的をもってなされるものだからです。

ビジネスにおいて、コミュニケーションの主な目的は、「共有」「判断・承認」「意見・アドバイス」「協力」の大きく4つです。それぞれ、確認していきましょう。

❶共有

これは、単に知っておいて欲しいというもので、相手に何かを求めるという性質のものではありません。伝えたい内容がわかりやすく伝わることが重要です。

❷判断・承認

伝える内容に対して、Yes／Noの判断もしくは承認をして欲しいというものです。「何が判断の基準になるか」、そして、「どのように判断をしたのか」をきちんと伝えていくことが肝要です。

❸意見・アドバイス

伝える内容に対して、何らかのフィードバックをもらいたいというものです。漠然と意見を求めるだけではなく、「何について」もしくは「どんな観点で」意見やアドバイスが欲しいかも明確に伝えられるとよいでしょう。

❹協力

伝えた内容について、何らかのアクションを求めるものです。相手のアクションを要請する訳ですから、まず内容をわかりやすく伝え、理解してもらうことが最低限必要です。その上で、相手に具体的にどんなアクションを求めるのかまでをしっかりと伝えていくことが重要です。

聞いた相手が、それがあなたからの情報の「共有」なのか、「判断・承認」の依頼なのか、「意見・アドバイス」の要求なのか、「協力」の要請なのかがわかることが大切です。「言っていることはわかるけど、で、それって自分に何をしろってことなの?」といった反応をさせないよう注意しましょう。

伝える内容に対して、相手に何を求めているのかを自分自身できちんと理解すること、そして、その目的も併せてコミュニケーションしていくようにしましょう。

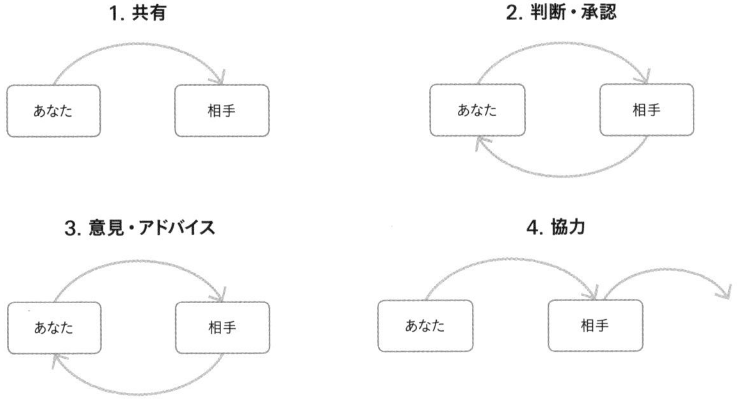

まとめ

- ☑ **自分の言いたいことの理解が大切**
- ☑ **主張は行為を捉えなおすことで、根拠にはラベルを貼ることで認識がしやすくなる**
- ☑ **俯瞰して言いたいことを理解すること**
- ☑ **伝えようとしている目的も明確にすること**
- ☑ **「共有」なのか、「判断・承認」の依頼なのか、「意見・アドバイス」の要求なのか、「協力」の要請なのかを伝える**

LESSON 15

相手のことが聞ける

コミュニケーションは双方向、自分が何を言うかも大切ですが、相手が何を言っているのかを的確に理解することもとても重要です。そこでポイントとなるのが、内容と構造の理解です。では、どうすれば、内容と構造が理解できるのでしょうか。

少し前の話になりますが、ある人が、会話の中で、「私は体操の内村選手はリオ・オリンピックで活躍すると思う」と発言したとしましょう。

さて、この人の発言を「論点」と「意見」に分けて整理します。

「論点」：何について話をしているのか

「意見」：論点に対してどのような考えなのか

ひとつの整理として、以下のように考えることができます。

「論点」：「体操の内村選手はリオ・オリンピックで活躍するか」

「意見」：「活躍する」

これ以外に、あと2つの整理ができます。

「論点」：「誰が、リオ・オリンピックで活躍するか」

「意見」：「体操の内村選手」

「論点」：「体操の内村選手はどのオリンピックで活躍するか」

「意見」：「リオ・オリンピック」

もし、論点を「体操の内村選手はリオ・オリンピックで活躍するか」と捉えると、意見は、「活躍する」か「活躍しない」のどちらかです。そうすると活躍するという意見の人と活躍しないという意見の人との間で次のようなやりとりがなされることが想定できます。

活躍するという意見の人：
「十分な経験があるのと十分なトレーニングを積んでいるので活躍するのではないか」
活躍しないという意見の人：
「いやいや、それでももう年齢も重ねているし、若手の台頭もあるので難しいのではないか」

また、もし、論点が「誰がリオ・オリンピックで活躍するか」であれば、「体操の内村選手なのか」、「水泳の萩野選手なのか」、「卓球の石川選手なのか」について意見交換がされることになります。

このように「論点」によって、やりとりされる意見が変わってくること、イメージが持てたでしょうか。意見はその人それぞれの見解ですので、違いがあるのが普通です。したがって、意見が異なることは、むしろ健全なことです。

聞き手として、ここで、気をつけなければならないことは、話し手の発言が、どの論点に対する意見を言っているのかを正しく理解することです。具体的には、「活躍する」ということが意見なのか、「内村選手は」が意見なのかを正しく理解することが重要です。

そのためには、話し手の発言の内容のみを理解しようとして聞くのではなく、「論点は何なのか」そして「意見は何なのか」と2つを同時に考えながら聞くことが重要です。ポイントは、2つです。

POINT

❶ **文を構成する要素に分ける**
❷ **要素が答えとなるような問いを考える**

先ほどの例を用いて詳しく説明していきます。

❶文を構成する要素に分ける

発言は「体操の内村選手は、リオ・オリンピックで活躍する」です。要素に分けると、「体操の内村選手」「リオ・オリンピック」「活躍する」の3つに分けられます。

❷要素が答えとなるような問いを考える

3つの要素に分けたら、それぞれの要素を意見として、その意見が答えとして出てきそうな問いを考えます。

「体操の内村選手」
が答えになるような問いは「誰がリオ・オリンピックで活躍するか」。

「リオ・オリンピック」
が答えになるような問いは「内村選手はどのオリンピックで活躍するか」。

「活躍する」
が答えになるような問いは「内村選手はリオ・オリンピックで活躍するか」。

これで、意見と論点に整理することができました。

普通、人は、意見と論点を峻別して話をしてはくれません。多くの場合、意見のみが語られます。また、複数の論点を含む意見が話されることもしばしばあります。さらには、話し手自身が論点を意識できていなかったり、整合性の取れない論点と意見が混ざった発言もあります。

だからこそ、私たちは「発言」の内容に引っ張られることなく、「その発言」はどんな論点に関する意見なのかを意識し、理解するよう心掛けていきましょう。

演習問題

以下は、「キックオフ・ミーティングをやるべきか」という論点に対して、「やらないほうがよい」という意見の発言です。反対の理由として、どんなことを言っているか、論点と意見を考えてみてください。

「キックオフ・ミーティング？ あれは開催までの調整やら連絡が面倒だよね。誰を呼ぶかとか、どのくらいの時間にするかとか、どこでやるのかとか。あと、議題を決めて資料の作成なんかも手分けしないといけないし。始まったら始まったで、議論するのかと思いきや、一方通行の報告だったり。自由に発言してもよいと言われて発言したら怒られて、で、結局偉い人の一言で結論が決まってしまったりして。それに、決まったことが実行されればよいけど、かえってモチベーションが下がるだけになったりする。だから、やらなくてもよいんじゃない?」

解答

今回は複数の文から発言が成り立っています。先ほどのように、文ごとに論点と意見で整理をしてしまうと、大変な数の論点と意見が出てきてしまい、現実的ではありません。

そこで、ここでは、この発言の主旨を大きく捉えながら、論点と意見で整理するというアプローチをとってみます。

まず、この発言で最もこの人が言いたいことは何かを考えてみます。いろいろな意見が述べられていますが、一番言いたいことは、「キックオフ・ミーティングはやらない方がよい」ということのように思われます。この意見が答えになるような問いは「キックオフ・ミーティングをやるべきか」。

したがってこの発言は、以下のように整理をすることができそうです。

「論点」:「キックオフ・ミーティングをやるべきか」
「意見」:「キックオフ・ミーティングはやらない方がよい」

そう考えると、いろいろなことを述べていますが、それらはキックオフ・ミーティングに反対する理由にあたるものと考えてもよさそうです。するとたとえば、「事前準備は楽か」、「実施して有益か」、「行った後、仕事にプラスになるか」という論点に対して、いずれもNoという意見であると整理することができそうです。

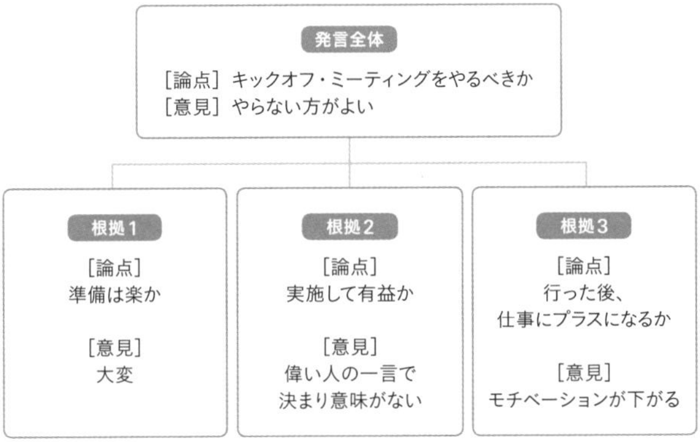

さて、ここで少し整理しておきましょう。もし、このように論点と意見を意識しないと、私たちはこの発言の全部を受け取らなくてはなりません。発言の理解は、以下のような状態になります。

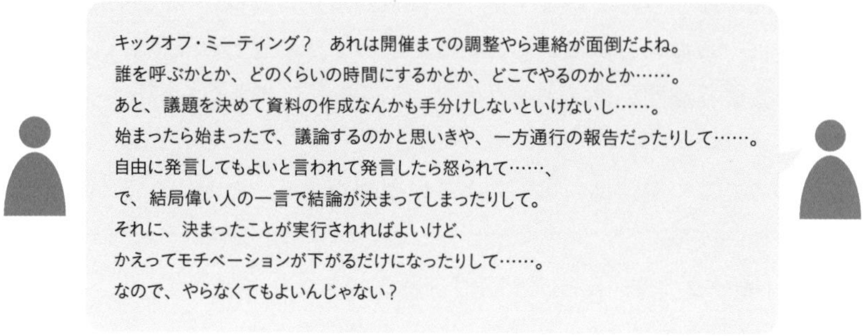

一方で、「キックオフ・ミーティングをやるべきか」という論点に対して、やらない方がよいという意見であるということが理解できている場合。その上で、「事前準備は楽か」、「実施して有益か」、「行った後、仕事にプラスになるか」という論点に対して、いずれもNoという意見であると整理できているとしましょう。そうなると、以下のように発言を理解することができます。

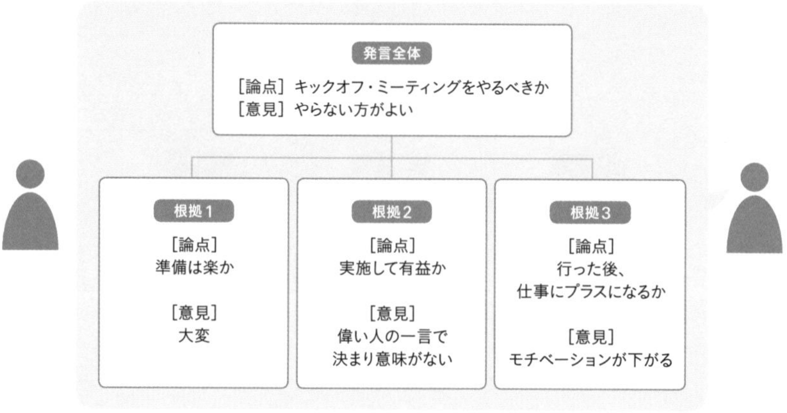

このように、話し手の発言内容をそのまま捉えるのではなく、どのような論点に対するどのような意見で構成されているのかを理解しようとすることで構造的に発言の内容を整理することができます。発言に対する理解度は、格段の差が出てきます。

少し難易度が高い取り組みですが、意見だけではなく、論点を捉えようとすることで必ず「力は」ついてきます。**相手の発言の内容のみに反応するのではなく、全体の構造を併せて捉えるよう努力をしていきましょう。**

STEP UP!

応用編です。先ほど示したように、相手の発言を構造的に理解できれば、会議においても効力を発揮します。たとえば、先ほどの発言に対して、以下のようにコメントをすることができます。

今、

❶「準備が大変かどうか?」という論点に対して、「大変だ」

❷「実施して有益か?」という論点に対して、「あまりよいことはない」

❸「仕事にプラスになるか?」という論点に対して、「あまりない」

ということでしたが、

❶「準備が大変かどうか?」について、こうすれば準備が楽にできるのではという意見の人はいますか

❷「実施して有益か?」について、こんな風にすれば意味のある場になるのではという意見の人はいますか

❸「仕事にプラスになるか?」について、こんなプラス要素もあるのではという意見の人はいますか

往々にしてやってしまいがちなことが、一連の発言に対して、「何か意見はありませんか」と反応してしまうことです。

そうなると「どのような論点なのかが、聞いている方もわからない」「どの論点に対して意見を述べればよいのかがわからない」ことから、さらに収拾がつかなくなってしまいます。

発言から議論に必要な論点を捕まえ、場に提示してみましょう。どの論点に対して意見を言えばよいのかを提示することで議論が上手く進むようになります。

少し難易度は高い営みですが、意見を意見のままで聞いているのではなく、意見と論点を押さえ、それをさらに構造化して捉えることにチャレンジしてみましょう。

まとめ

- **相手の言っていることをきちんと理解することも実はコミュニケーションにおいて重要**
- **内容を内容だけで理解をしようとすると難しい**
- **発言を意見と論点に分けて聞くこと**
- **論点と意見は、構造的な理解につながる**
- **会議などの場でも活用ができる**

LESSON 16

グラフに仕事をさせよう

数字はグラフに表すことができます。そして、視覚化されたものの情報量は、格段にあがります。ということは、グラフが上手く使えるとコミュニケーション力が格段にあがるということです。では、具体的に、どのようにすれば上手くグラフに仕事がさせられるのでしょうか。

明日は、月次のミーティング。今月の成果を報告しなければなりません。

前月と今月の商品別の売上は、表1のような状況です。この状況を踏まえ、3種類のグラフを作成してみました。

表1

	商品A	商品B	商品C	商品D
前月	100	110	120	140
今月	120	130	130	200

（単位：万円）

1

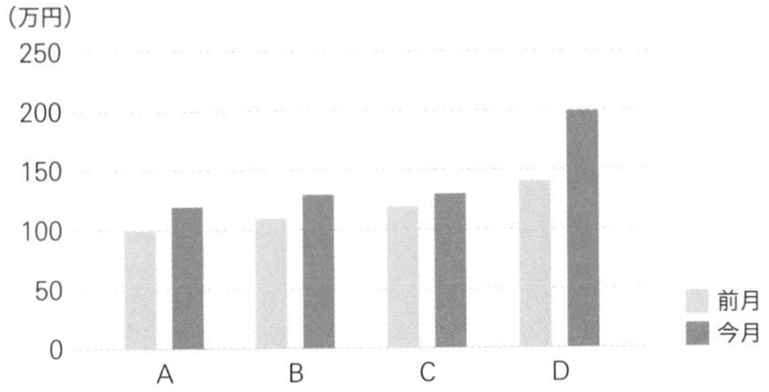

2

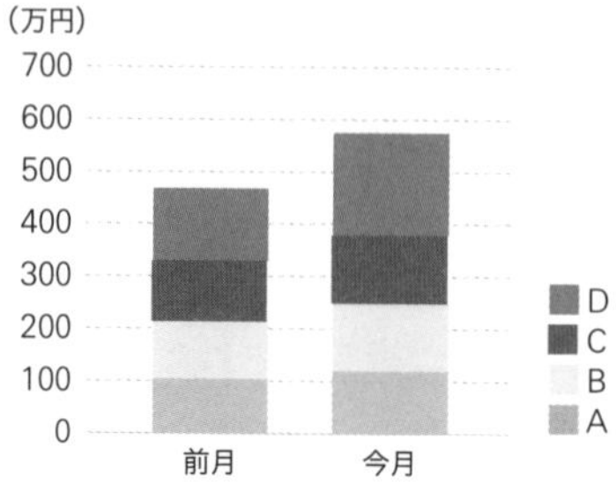

3

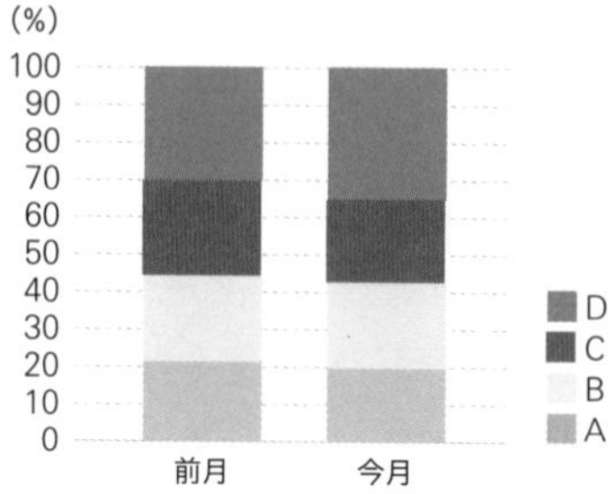

それぞれ、何を伝えるとよいでしょうか。

1のグラフは、製品別の売上の状況を確認したい場合に有効です。一方で、個々の製品の状況はわかるものの、全体としてどうだったかはわかりません。

2のグラフは、1と比べると全体の売上が増えているという状況が一目瞭然です。ただし、個々の製品の状況は逆にわかりにくくなってしまいます。

3のグラフは、全体を100とした比率になっています。売上構成比がどのように変化しているかはわかりますが、全体の動きについてはわかりません。

このように**何を伝えるかによって、それを伝えるために最適なグラフは異なります。**もし、製品別にどのような状況になっているのかを伝えたいのであれば1、全体の売上がどのようになっているのかを伝えたいのであれば2、売上構成比がどうなっているのかを伝えたいのであれば3がよいでしょう。グラフ作成におけるポイントは次の3つです。

POINT

❶ 伝えようとしていることは何なのかを明確にする
❷ どのグラフがそれを的確に表すことができるのかを考える
❸ 伝えようとしていることをグラフに添えてみる

❶伝えようとしていることは何なのかを明確にする

表1

	商品A	商品B	商品C	商品D
前月	100	110	120	140
今月	120	130	130	200

（単位：万円）

グラフを使って相手に伝える訳ですから、当然、伝えたいメッセージがあるはずです。そのメッセージが何なのかをはっきり持つことが重要です。

A、B、C、Dといずれも前月を下回っているものはなく伸びているということが言いたいのか、構成は変わっているが全体の売上は伸びているということが言いたいのか、構成が変わって、Dの比率が増えているということが言いたいのかをまず明確にすることがスタートです。

❷どのグラフがそれを的確に表すことができるのかを考える

・A、B、C、Dといずれも前月を下回っているものはなく伸びている
・（構成は変わっているが）全体の売上は伸びている
・構成が変わって、Dの比率が増えている

の3つのメッセージをどのグラフが的確に表現できているかを考えてみましょう。

1

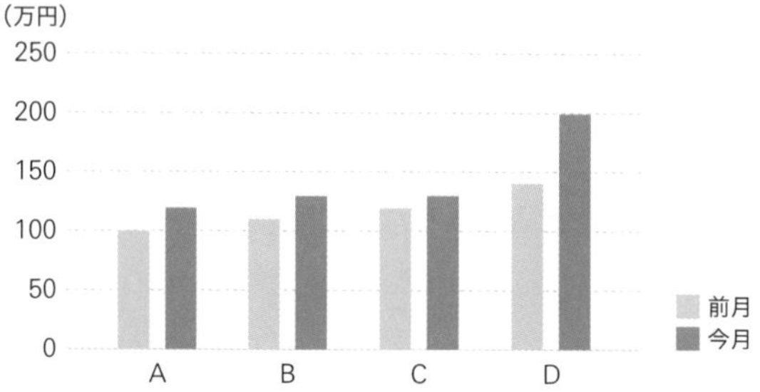

2

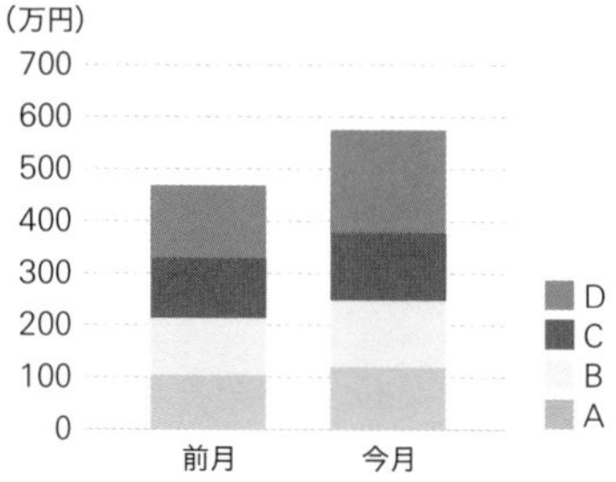

3

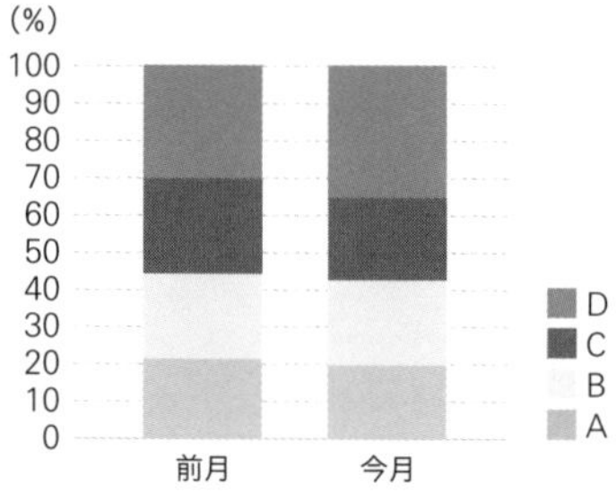

・A、B、C、Dといずれも前月を下回っているものはなく伸びている

　であれば、A、B、C、Dが個別のデータとして比較できている1がよいでしょう。

・（構成は変わっているが）全体の売上は伸びている

　であれば、全体額がしっかりと表現できている2がよいでしょう。

・構成が変わって、Dの比率が増えている

　であれば、逆に、比率に換算されている3を選ぶ必要があります。

　たとえば、「A、B、Cの増減はあまり大きくないが、Dだけが大きく伸びている」ということを強調したいのであれば、増減額のみに絞って、次のようなグラフにするのもよいでしょう。

今月の売上 − 前月の売上

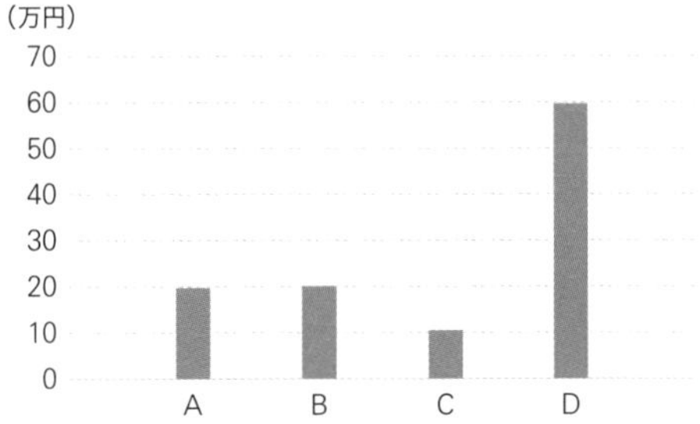

❸伝えようとしていることをグラフに添えてみる

最後にチェックとして、グラフに自分の言いたいメッセージを添えて、1、2秒で違和感なく視覚的にイメージできるかを確認するとよいでしょう。

1 すべての商品が伸びている

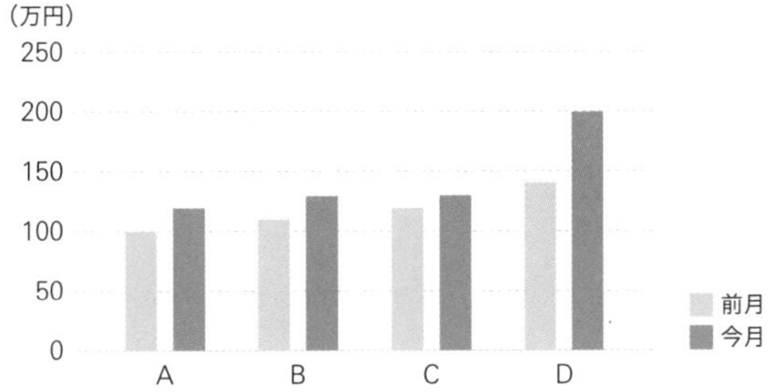

2 今月は前月以上の売上だ

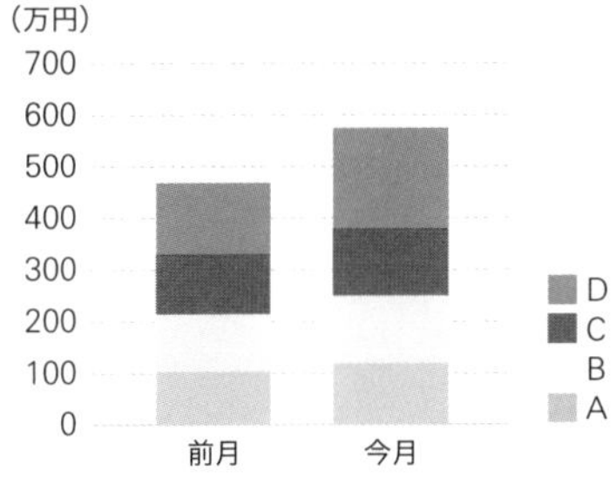

3 Dの構成比が増えている

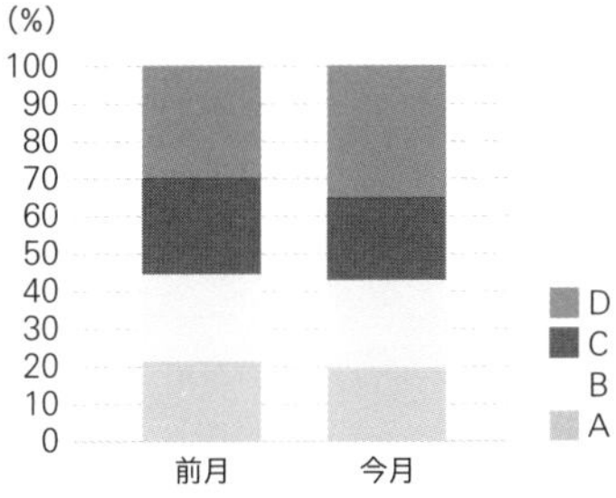

もし、ここでメッセージとグラフの間に違和感があるのであれば、メッセージが間違っているかグラフが間違っているかのどちらかです。

多少ずれていても、読み取ることは可能ですので、致命的な問題という訳ではありません。ただ、わかりやすい資料やプレゼンテーションは、メッセージと図が実はきちんと整合が取れているものです。細部まで、きちんと意識を払えるかが、重要です。

演習問題

最近5年間の売上は以下のようになっています。

2015年	2016年	2017年	2018年	2019年
1000	1020	1030	1050	1100

（単位：万円）

年によって違いがあるものの、着実に増えてきていることがわかります。「5年連続で売上が増えている」ということをわかりやすく説明するために、2つのグラフを作成してみました。どちらがよいでしょうか。

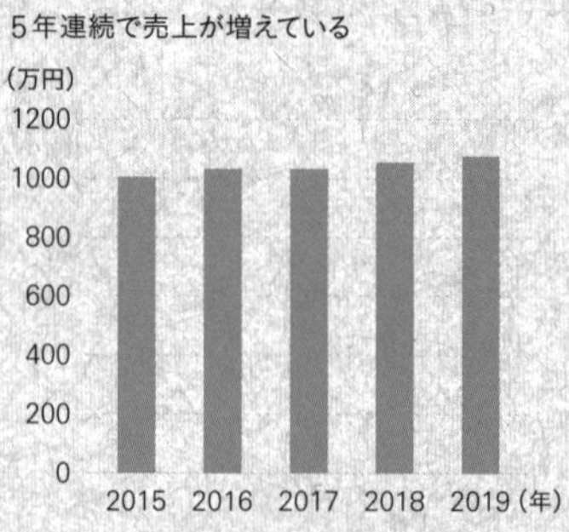

解答

メッセージとグラフが違和感なく1、2秒で理解できるかどうかがチェックポイントでした。そういう意味では、左のグラフの方が、増えているということが違和感なくわかります。

ただ、ここで気をつけておかなければならない点がひとつあります。それは、縦軸の最小値が「0」ではないということです。右のグラフのように、正しく「0」を基準にしてしまうと増え方はあまり変わっていないようにみえてしまうことがあります。そんなときに、変化を強調するために、軸の最小値を修正するという手法がよく使われます。

わかりやすく伝えるということはできるのですが、この方法は気をつけておかないと、全体像がわからなくなります。また、どんなに小さな変化も、軸の始点と縦軸の間隔を調整することによって、いくらでも変化を大きく「みせる」ことが可能になってしまいます。

自身でグラフを作るときは、以下の2つに留意してください。
・強調することによって、誤解を与えないか
・全体像「も」何とか表現できないか

また、逆に、グラフを読むときは、以下の2つが注意点になります。
・縦軸の原点は、いくらなのか、「0」なのか
・下駄をはかせる形になっていないか

グラフの工夫の最後に、左右の2軸を使う方法を紹介しておきましょう。「0」を起点に全体像を提示しながら、変化も伝えることができます。そのためには、変化を伝えるための工夫が必要になります。たとえば、2015年を100とした場合に、それぞれの年がいくらになるのかの比率を算出します。

	2015年	2016年	2017年	2018年	2019年
売上	1000	1020	1030	1050	1100
比率	100	102	103	105	110

（単位：万円）

そして、この2つの数値をグラフ化するのです。

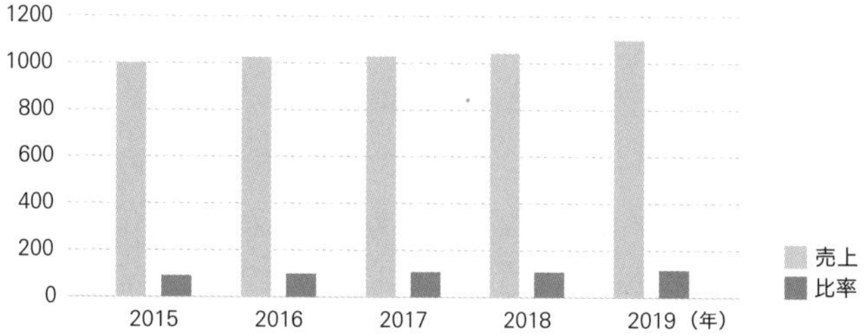

ただ、このままだと比率のデータが、売上のデータに比べて小さくなり、みえにくくなってしまいます。そこで、右側の軸を使い、比率を表現してみることで、以下のようなグラフにすることができます。

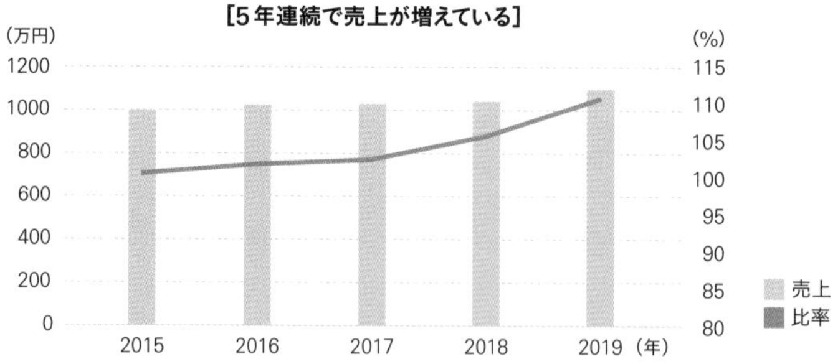

全体の額を余すことなく正しく表現することができました。そして、右軸を使って比率のデータを折れ線で表示することで、実数で表現しているだけではわかりにくかった変化を表現することができたのです。

左右の2軸を使えると表現が広がりますので、やり方として覚えておきましょう。

STEP UP!

最後に、グラフそのものの特徴を整理しておきます。

●円グラフと帯グラフ（横）

円グラフは馴染みがあるグラフですが、ビジネスにおいては、シェアを表すとき以外はあまり用いられません。なぜならば、角度を読み取らないといけないため、どうしても感覚的に解釈しなければならないからです。

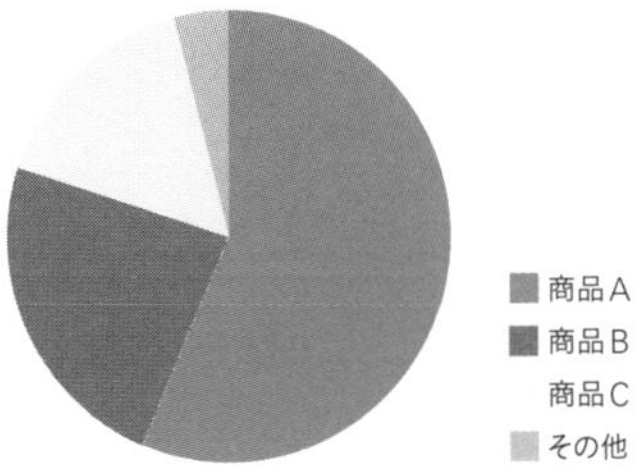

また、比較が難しいこともあります。たとえば、昨年度と今年度の商品のシェアの変化を比べる場合に、大小の違いぐらいしかわかりません。

［昨年度の商品別シェア］

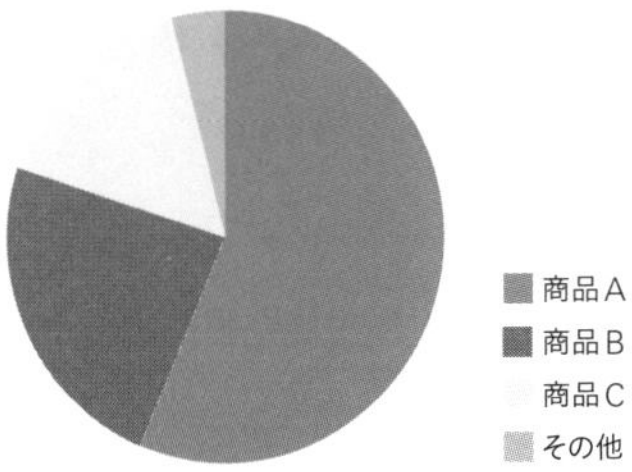

［今年度の商品別シェア］

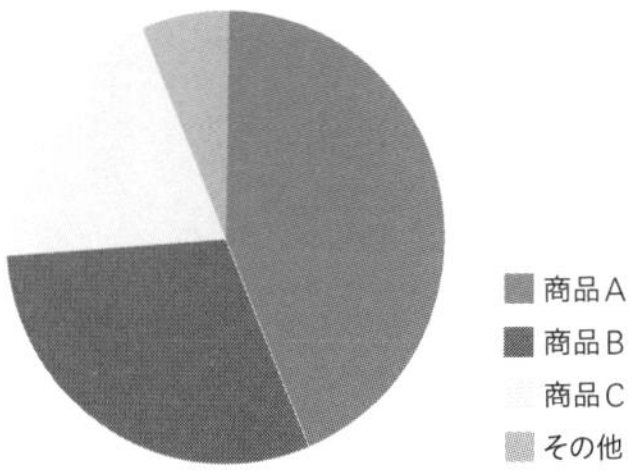

同じシェアの比較であれば、横の帯グラフを利用して、以下のように表現した方がよいでしょう。

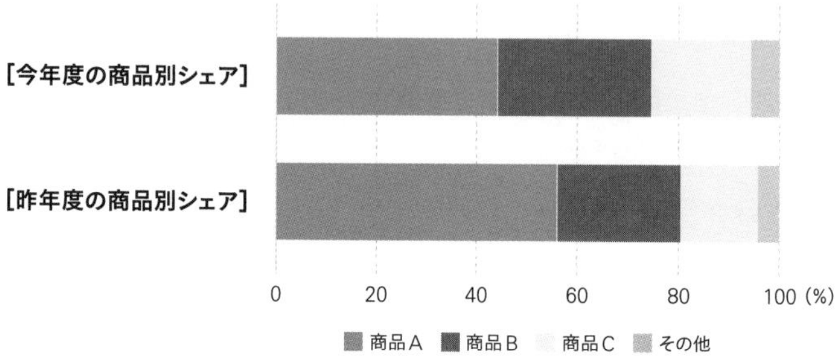

●棒グラフ（縦）と棒グラフ（横）

縦のグラフは、横軸が時間のときに積極的に使うようにしましょう。ビジネス慣行として、ほとんどの場合、そうなっています。横のグラフは、逆に、時間軸以外のものは積極的に採用していきましょう。たとえば、商品別、人物別など、要素ごとの比較をする場合には、横の棒グラフを使うとよいとされています。

時間の場合は、左。

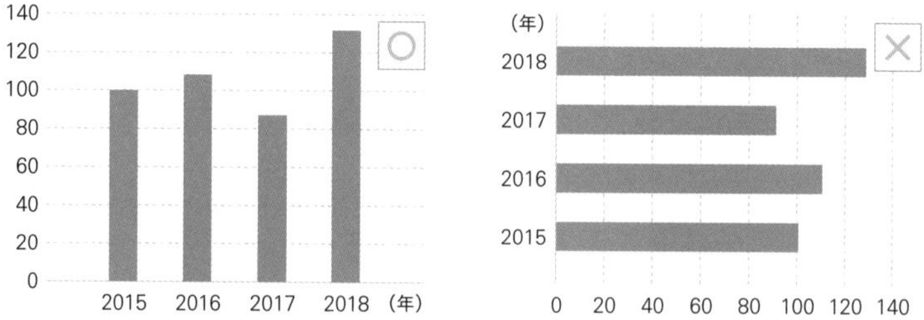

要素の場合は、どちらも可ですが、横でよければ横で。

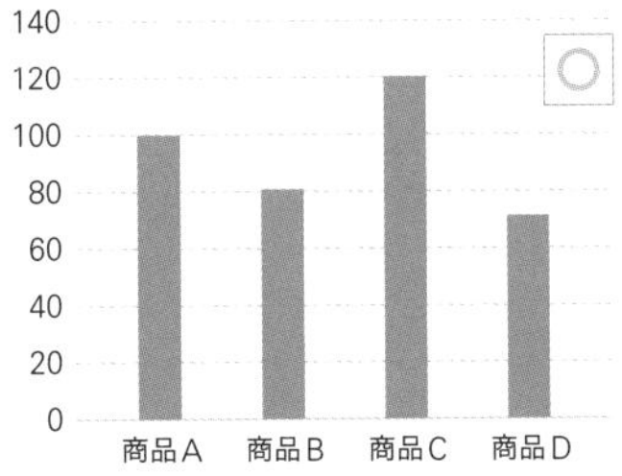

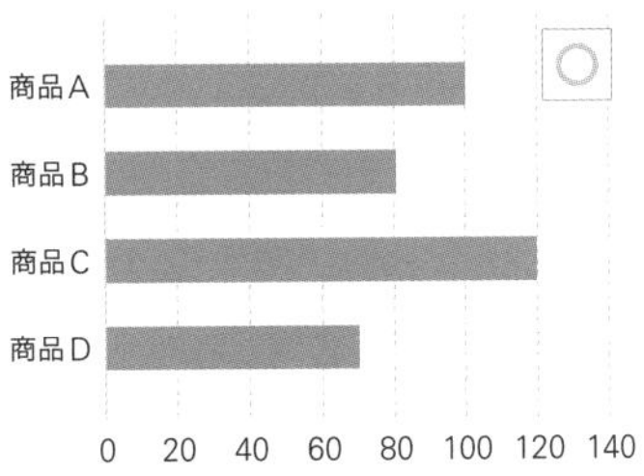

● 棒グラフ（縦）と折れ線グラフ

縦の棒グラフと折れ線グラフも用途は近しいですが、以下のような条件で使い分けるとよいでしょう。

棒グラフ（縦）

・横軸の項目の独立性が高い場合（線でつなぐと違和感があるもの）

・個々の値に意味がある場合

また、禁止ではないですが、要素の場合は、特に連続性はないので、折れ線は避けた方がよいでしょう。

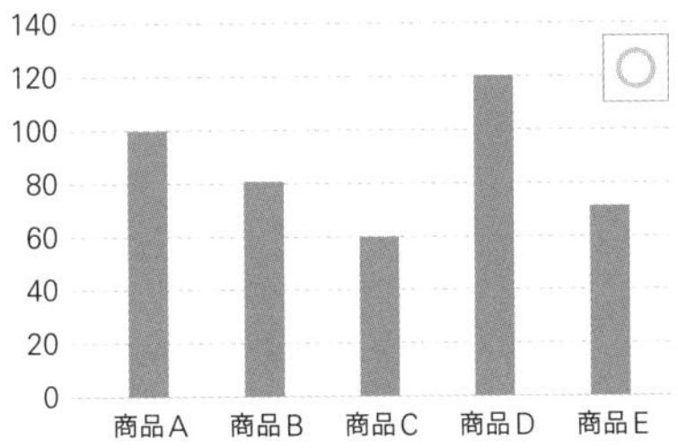

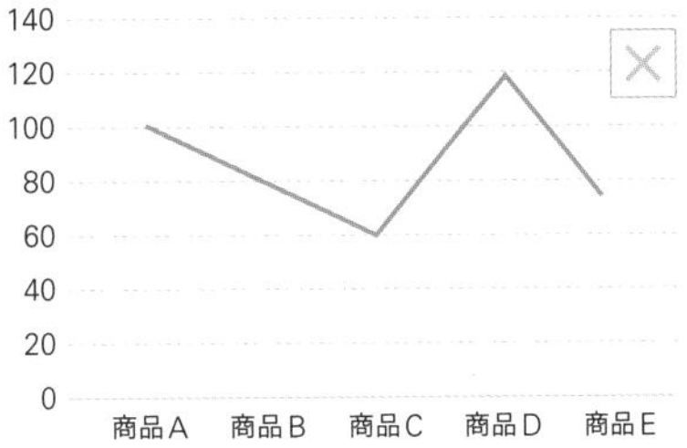

折れ線グラフ

・時間が横軸で項目数が多くかつ傾向に意味合いがある場合
・項目間を線でつないで、連続性に違和感のない場合
・変化を印象づけたい場合

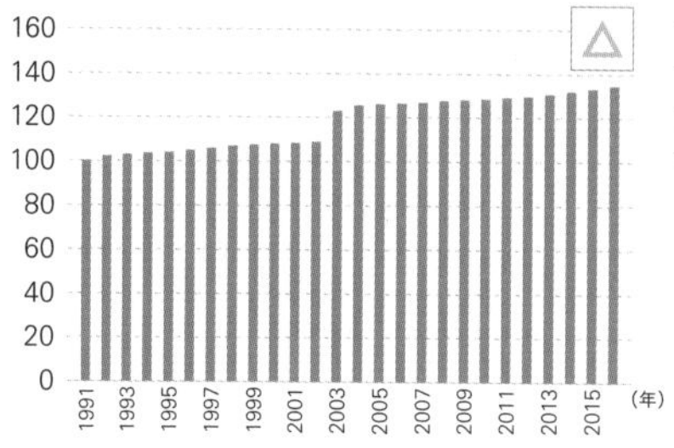

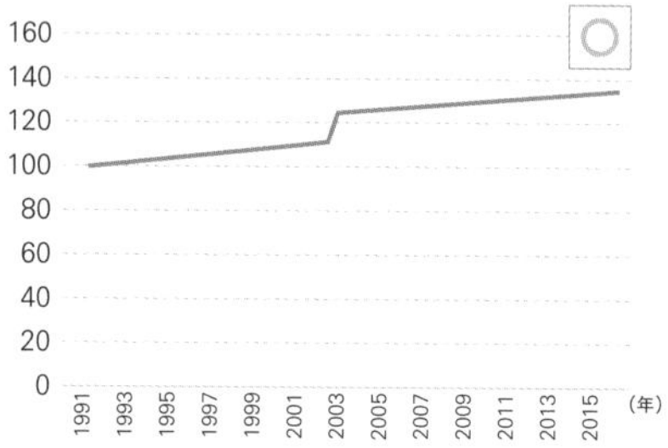

まとめ

- 数字は視覚化できることが強み。積極的にグラフを使う
- 伝えたいことを的確に表せるグラフになっているかをしっかり考える
- 原点「0」は大事。魅せるためだけに、強調しすぎないこと
- 2軸が使えると表現の幅が広がる
- グラフごとに長所がある。その長所を上手く使う

CHAPTER

5

コンピュータを味方にする

「ロジカル」に考えることは、実はコンピュータが得意な領域です。そうであれば、コンピュータが得意な「ロジカル」は、積極的に任せていくことが得策です。また、AIの普及により、活用できる環境もこれまでと比べて格段によくなっています。一方で、上手くパートナーにしていくには、人とはまたちょっと勝手が違うのも事実です。この章では、コンピュータを強力な「味方」にしていくために必要な基礎知識を学んでいきます。

LESSON 17

手順化できる

コンピュータに指示するためには、アルゴリズム＝「得たい結果に対して、どういう処理を踏めばよいかを手順化したもの」が必要になります。言い換えると手順化できるスキルがあれば、コンピュータの力を積極的に活用できる可能性があるということ。では、どのように手順化していけばよいのでしょうか。

身近な自動販売機を例に、アルゴリズムとはどんなものなのか、そして、どのように作ればよいのかを説明していきます。

まずは、私たちが普段使っている基本的な流れに沿って、大きく手順化してみましょう。「お金を入れて、ボタンを押して、商品を受け取る」、下図のように表現できます。

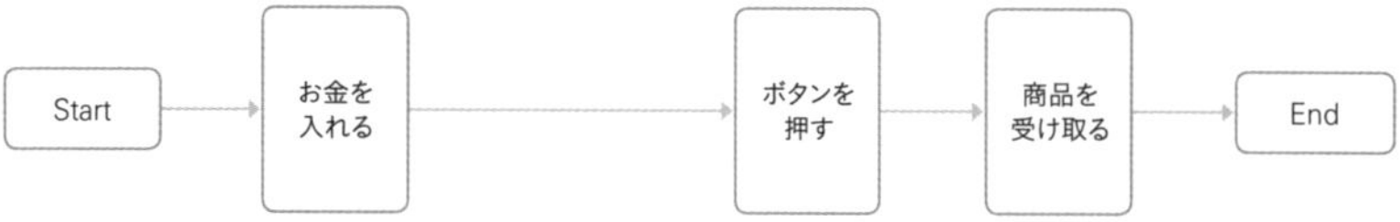

さて、基本の流れはこの通りですが、これは、利用者の手順です。自動販売機のアルゴリズムは、自動販売機側から書かなければなりません。次図は、自動販売機側から手順化したものですが、(1) と (2) には何が入るでしょうか。菱形の箱は、条件分岐を表します。条件分岐の内容がYesの場合はYesの矢印に従い、Noの場合にはNoの矢印に従うことになります。

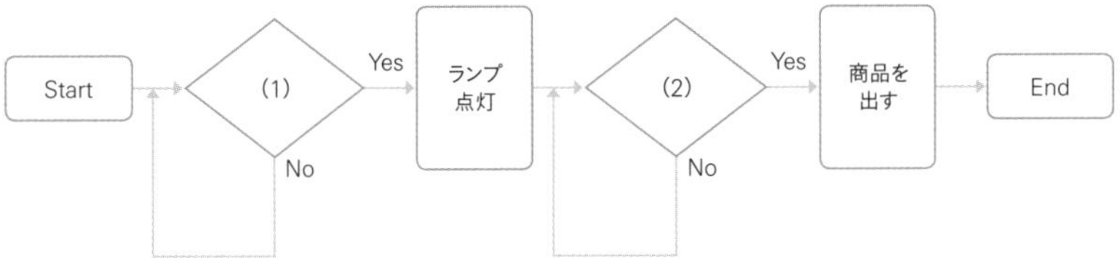

(1) はStart直後の最初のアクションです。自動販売機は、お金が入らないと始まりませんので、「お金が投入されたか否か」と考えることができそうです。

(2) は、「ランプの点灯」と「商品を出す」をつなぐ条件です。商品を出すきっかけとなる条件は、「ボタンが押されたかどうか」になります。

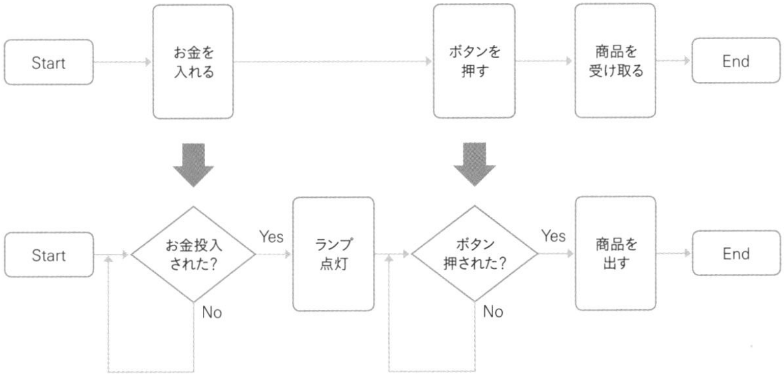

これで、自動販売機側からのアルゴリズムができあがりました。人の手順から自動販売機のアルゴリズムを考えると、人の行動が、自動販売機側では条件となっていくということです。

さて、大きな流れはこれでできあがりましたが、実際のアルゴリズムはもう少し複雑です。

ここからさらに詳細化していきましょう。次図の (3) に何が入りそうかを考えてみましょう。

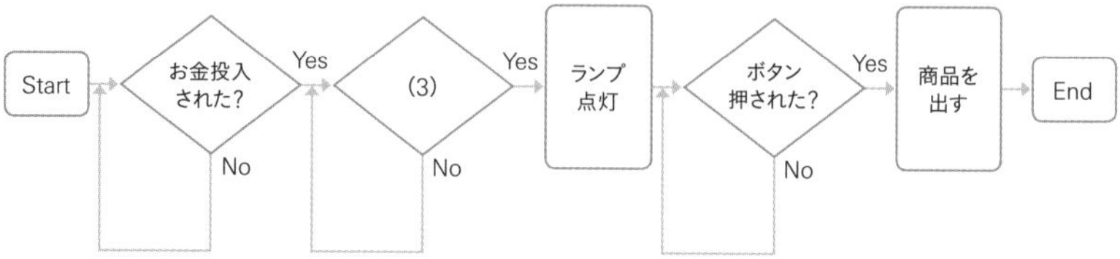

（3）は、「お金が投入された？」のYesを踏まえていますので、「お金が投入されている」ことになります。そして、次が「ランプ点灯」ですので、「お金の投入」と「ランプ点灯」の間をつなぐ条件を考えるということになります。「お金の投入」と「ランプの点灯」の間に、確認しなければならないことは何でしょうか。もしくは「お金が投入されてもランプが点灯しない場合」は、どのようなときでしょうか。

ランプを点灯させるための条件は、「十分なお金が投入されているか」です。

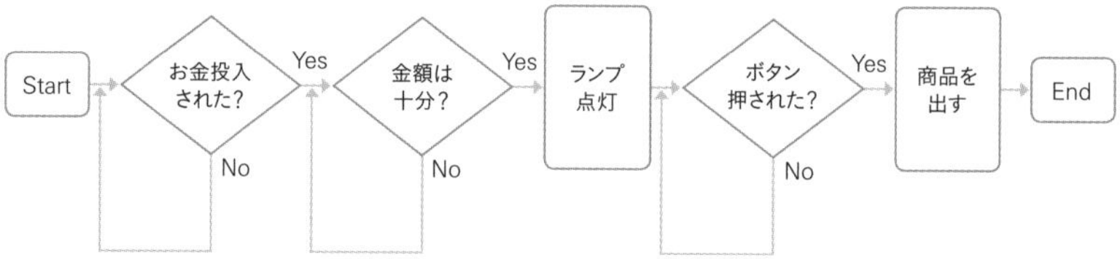

さあ、ここまでやってきたことをまとめておきましょう。アルゴリズムを作成していく手順は大きく2つです。

POINT

❶ **肝となる根幹のアルゴリズムをシンプルに作る**

❷ **付帯条件などをさらにつけ加えていく**

❶肝となる根幹のアルゴリズムをシンプルに作る

まず、最初の手順は、基本的な流れを手順化することです。自動販売機を使う際に具体的にどういったことが起こるのか、標準的な流れを順番に並べていきましょう。

ポイントは、主語を混在させないことです。利用者の立場から考えるのであれば、最後まで利用者の立場から作成しましょう。最終的には、自動販売機側のアルゴリズムが必要となりますので、慣れている人は自動販売機側（最終的に作りたいアウトプット）から考えて構いません。

一方で、今回、説明したように、慣れないうちは利用者側の流れを先に考えて、それを自動販売機側のアルゴリズムに換えていってもよいでしょう。

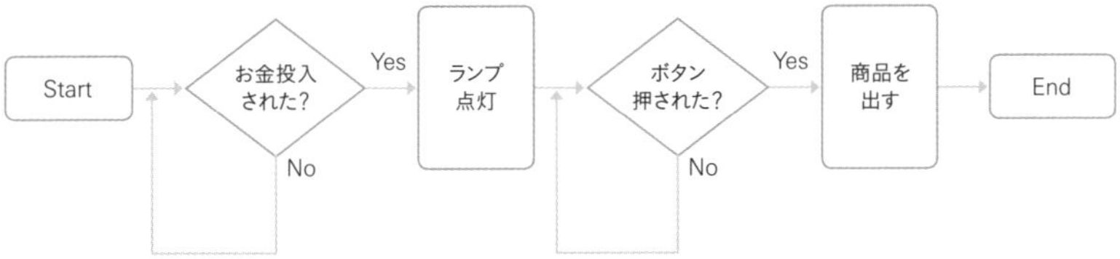

❷付帯条件などをさらにつけ加えていく

基本的な手順を固めたら、次は、付帯条件を考えていきましょう。

基本的な手順と付帯条件を同時に考えていくことも勿論できますが、慣れが必要です。また、付帯条件は拘りだすと詳細化がいくらでもできてしまうので、基本的な手順を固めた上で、付帯条件を考える手順を分ける、ことをお勧めします。

では、具体的な付帯条件の考え方ですが、条件が満たされた場合に、次のアクションに移ってしまって問題ないのかという視点でチェックをしてください。

今回の例の場合、チェックは2か所になります。

お金が投入されたら、ランプを点灯させてよいのか、ボタンが押されたら、商品を出してよいのか、です。

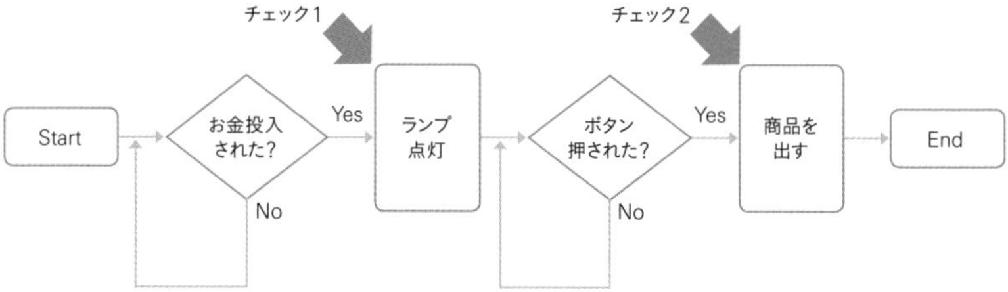

チェック1については、先ほど説明をしました。十分なお金が投入されていない可能性がありますので、「十分な金額が投入されているか?」という付帯条件を加えてもよさそうです。

チェック2についても、考えておきましょう。

「ボタンが押されたら、商品を出してよいのか」もしくは、「ボタンが押されても、商品を出さない場合はあるのか」を考えてみましょう。

たとえば、品切れなどは、商品を出したくても出せない場合はありそうです。ただ、その場合は、ランプがそもそもつかないようにするべきです。ランプがついているボタンが押された場合については、特に付帯条件を追加しなくても大丈夫そうです。

こうして、アルゴリズムができあがります。

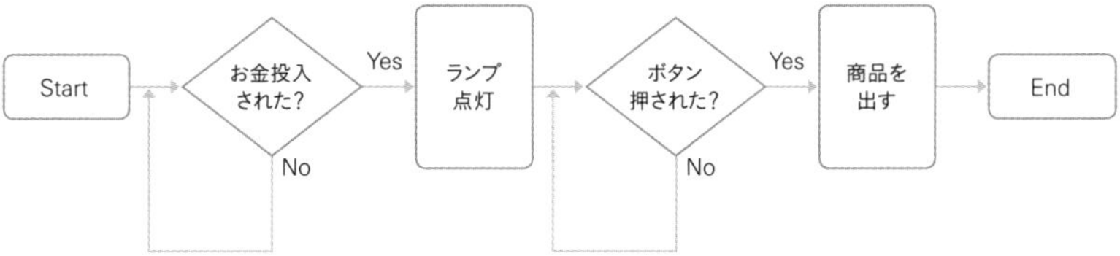

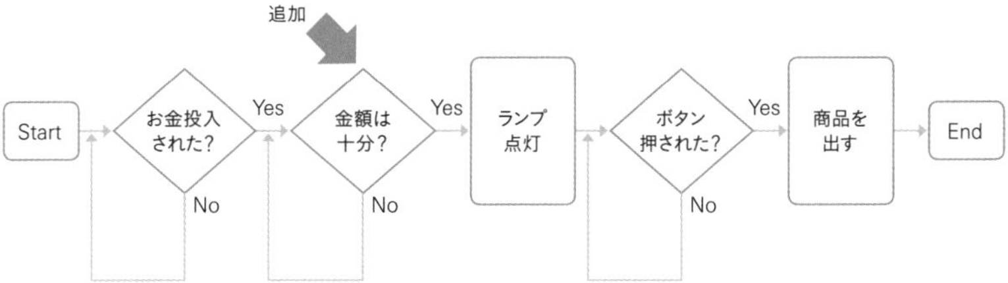

演習問題

では、付帯条件の続きを考えてみましょう。先ほどは、Yesについての付帯条件を考えてみましたが、Noの場合の付帯条件も考えておく必要があります。(　)には、何が入りそうですか(同じものが入ります)。

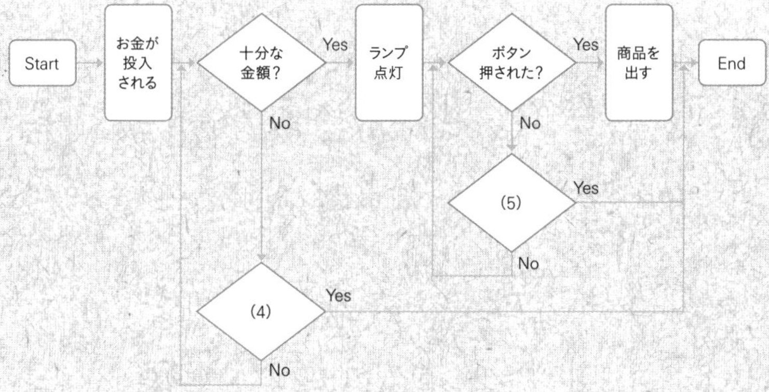

解答

菱形の状態にどのような流れで入ってくるかを考えてみましょう。「金額が十分でない」、もしくは、ランプは点灯しているけれども「ボタンが押されていない」という場合に、該当することがわかります。そして、この条件において、Yesのときには商品を出さないで終了するということもみてとれます。

自動販売機側から考えると購入しそうな人がいることは理解できますが、(4) であれば、販売する条件が整わないということ、(5) であれば、商品の選択が行われないということになります。そうなるとどこかのタイミングで商品の提供を諦めなければなりません。商品の提供自体がキャンセルになるきっかけは、時間になります。何秒が適切かは考える必要はありますが、たとえば「15秒経ったか」という判断のロジックを持っておく必要があります。

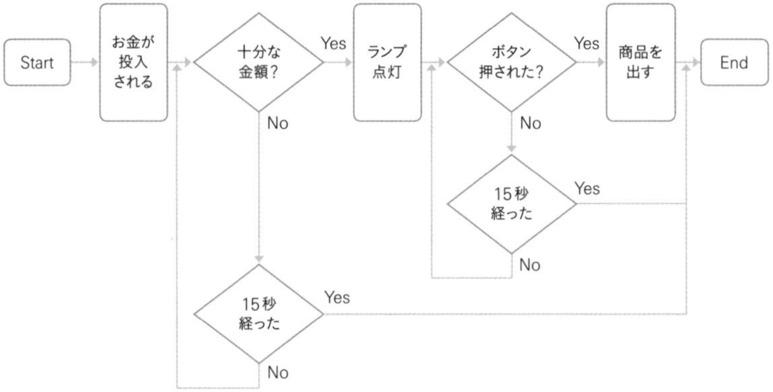

STEP UP!

コンピュータに指示を与えるためにはアルゴリズムが必要ということをみてきました。自動販売機を例にとって説明をしましたが、実際には、商品の品切れへの対応、つり銭切れへの対応なども付帯条件として加える必要があるため、さらに複雑化していきます。

自動販売機ひとつとってみても、こうした手順化したアルゴリズムが裏側で動いていることになります。そしてこのアルゴリズムがなければ自動販売機は動きません。

AIでコンピュータは何でもできるという印象を持っている方もいるかも知れませんが、末端では実はこういったレベルまで手順化してアルゴリズム化しなければコンピュータは動かないということを理解しておきましょう。

一方で、手順化してアルゴリズム化できてしまえば、コンピュータの力を借りられるということです。これからは、いかにアルゴリズム化できるかが、コンピュータを活用できるかの差別化能力になってきます。

「コンピュータに仕事がとられる」という話題がよく出ますが、手順化ができる「作業」であれば、それは容易にとって代わられることです。むしろ、積極的にコンピュータに任せた方がよい領域でしょう。

逆に、アルゴリズム化が難しいもの、具体的には、以下のような対象は人が積極的にかかわるべき領域かも知れません。

・手順が複数あること
・手順の入れ替えが発生すること
・判断の基準が複数あること
・判断の基準がそもそもよくわからないもの
・いわゆる勘や経験が必要なもの

ただ、その難しいかも知れない、たとえば、勘や経験といったものを手順化、アルゴリズム化できれば、その瞬間からコンピュータを味方にしていくことができるとも言えます。

コンピュータにどこまでを任せればよいのか、ということについては、倫理面なども含め、ケースバイケースで考えなければならない重要な課題はあります。ただ、今後の大きなカギとなる素養であることは間違いありませんので、基本的な理解は最低限持っておくようにしましょう。

まとめ

- ☑ **アルゴリズムの肝は手順化**
- ☑ **作成においては、立場（主語）を混在させないこと**
- ☑ **基本的な流れを作って、その後、付帯条件をつけ加えること**
- ☑ **手順化ができれば、コンピュータの力が借りられる**
- ☑ **手順化の難しいものこそチャンスにつながる**

LESSON 18

定量化ができる

コンピュータは計算機。扱うことができるものは数字（データ）です。定量化できないものはコンピュータでは扱えないことになります。したがって、アルゴリズム同様、指示を出す人もこれまで以上に「定量化」ができる力が必要になってきます。では、どのように定量化をしていけばよいのでしょうか。

ロボットに横断歩道を渡らせるアルゴリズムを考えます。アルゴリズムの出発点として、「横断歩道を渡れるのか」を判断するところからスタートさせましょう。

「横断歩道を渡れるのか」ということをどう判断すればよいのかを考えるためには、2つのことを考える必要があります。「どのような情報を取得する必要があるのか」と「その情報は、どのように定量化できるのか」です。

まず、「どのような情報を取得する必要があるのか」を考えてみましょう。必要となる情報を列挙していきます。渡ろうとしている「横断歩道の距離」は必要でしょう。また、渡ろうとする前提として、「信号」の情報も必要でしょう。

これ以外にも、たとえば「路面の状況」、路面の状況とも関係しますが「天気」の情報も必要です。加えて、車や人の有無、さらには渡ろうとしている人の混雑度合なども必要となってきそうです。

必要となる情報として、「道路の幅／信号の情報／路面の状況／天気／車や人の有無／混雑度合　等々」がリストアップされたことになります。

では、それぞれの情報をどう定量化できるのかを次に考えてみましょう。

ここでは、道路の幅について考えたいと思います。さて、道路の幅、どのようにして定量化しますか。

人は、眼でみればある程度判別できますが、ロボットの場合そうはいきません。実際にどのように実装されているかはわかりませんが、大きく2つの方向性がありそうです。

ひとつは、事前にデータとして持っておくやり方があります。道路の幅をデータで保持しておくということです。そして、GPS等で現在地がどこかという情報と合わせて、道路の幅を認識することができます。

もうひとつは、その都度、測定をするというやり方が考えられます。ロボットの視覚機能がどの程度のものかにもよりますが、カメラで道路の写真をとり、画像認識技術を利用して距離を算出することもできるでしょう。当然、画像情報から距離を算出することができるプログラムを同時に持っておく必要があります。横断歩道の白と黒の縞模様の数を数えることができるのであれば、その数から距離を算出することもできます。もしくは、電波や超音波を出して、その反射波を受け取るまでの時間から、距離を算出するといった手法もあるかも知れません。

このように、要素としてどのような情報が必要かを洗い出すことができたとしても、さらにそれらの情報をどのように定量化（データ化）するかは、よく考える必要があるのです。ここまでの内容を整理しておきましょう。

POINT

❶ 必要となる情報（対象）を洗い出す
❷ 情報ごとにどのように定量化できるか、取得方法を考える

❶必要となる情報（対象）を洗い出す

コンピュータは、どの情報をみればよいのか、自分では基本的にはわからないものです。したがって、人がどのような情報に基づいて判断しているかを細かく洗い出していくことが必要です。

逆に言うと、ここで洗い出せないような要素がもしあるのであれば、コンピュータに仕事をさせることは難しくなります。いわゆる、「勘」や「経験」といったものを情報として具現化できるかどうかが問われることになります。

❷情報ごとにどのように定量化できるか、取得方法を考える

洗い出した情報ごとに具体的にどう数値化できるかを考えていく必要があります。アプローチは、先の例でも出てきたように、元々データとして持っておくかその場その場で測定をするかの2つの方向性になるでしょう。

後者は、センサーの技術の発展とともに進化していく可能性があります。

「道路の幅」は、人であればみれば何となくわかるというのが実際ですが、「みて渡れるかどうか判断してみて……」では、コンピュータは動きません。具体的に何をみて、どう判断するのかまで指示できることが必要です。

演習問題

では、信号について考えてみましょう。残り時間表示がないタイプの信号で、あと何秒青信号が続くのかを理解するためには、どうすればよいでしょうか、どのような情報を取得すればよいでしょうか。そして、それらをどのように定量化すればよいかを考えてください。

解答

青信号の残り時間の定量化は、実は難しい情報です。手助けになるのは、人がどのように判断しているかを参考にすることです。私たちがどのように判断しているのかをちょっと考えてみましょう。

ひとつには、「どの程度の人数が横断歩道を渡っているか」を判断材料にしていそうです。多くの人が渡っているのであれば、青に変わったばかりであろう。駆け込んでいる人が複数人いるのであれば、赤に近いタイミングなのではないかという判断をしていそうです。

そして、同様の視点で、交差している逆側の交通の状況も確認していそうです。逆側が赤で止まったばかりの状況なのか、まもなく青に変わりそうな状況なのかの情報などから総合的に判断しているものと考えられます。

このように、瞬時に様々な情報を取り入れながら判断していると想定されますが、これをデータ化するのはかなり難易度が高い取り組みになります。

また、人がいない場合にどのように判断するかも、別途考えておく必要があります。この「総合的」な判断を手順化しなければならないことが、残り時間の定量化が難しい理由です。

一方で「確実に渡る」ということを目的にするのであれば、ちょっと時間はかかりますが、以下の手順を踏めば、判断は可能です。

❶最初、横断歩道に着いた際に仮に「青」でも渡らない
❷次の信号でも渡らず、青が何秒かを測定する
❸❷で判明した青の時間と道路の幅、そして、自分の歩行速度から時間内に渡れるのであれば渡る

STEP UP!

道路の幅／信号の情報／路面の状況／天気／車や人の有無／混雑度合等々、最初に洗い出した情報のうち、道路の幅、信号の情報に限って、定量化の方向性を考えてきましたが、その他の情報も定量化の必要があります。

「路面の状況」を具体的に考えてみましょう。仮に「凍っている」「雪が積もっている」「ぬれている」「通常」と4つの状態に分けるとしましょう。さて、少し考えてみてください。「凍っている」と判断するためには、どのような情報が必要でしょうか。路面の温度、水分量、そして、摩擦係数などが候補としてあげられます。そして、もうひとつ定義しておかなければならな

いものが、基準です。データとして捕捉ができたとしても、何をもって凍っていると判断するのかという基準値も定めておく必要があります。

車や人の有無も、単にあるのかないのかの判断では役に立ちません。遠いところにいる車や人は関係ありませんし、遠ざかっている車も人もあまり関係ありません。距離と方向（どちらに進んでいるか）は少なくとも定量化に織り込む必要があります。そして、量も加味する必要があります。何台なのか、何人なのかによっても判断が変わってくるからです。

このようにロボットに横断歩道を横断させようとするだけでも、実に様々な情報が必要になります。さらには、それらの情報をどう取得しどう算出するかも実はきちんと設計される必要があるということを理解しておきましょう。

ロボットの横断だけでもこれだけのことを考えなければなりませんでした。ましてや、自動運転となるとその複雑性や難易度は、はるかにあがりそうだということは想像いただけるのではないでしょうか。ただしその、より難易度が高い、複雑なことが実用化されつつあるのも事実です。

今後の新しい世界のベースとなる定量化の考え方を、しっかりと身につけていきましょう。

まとめ

- ☑ **コンピュータにはデータが必要**
- ☑ **データ化できないものはコンピュータの力を借りることはできない**
- ☑ **ポイントは情報の洗い出しと具体的な定量化の方法**
- ☑ **人がどのように思考しているのかを丹念に洗い出せるかがカギ**
- ☑ **定量化できるかのセンスが問われる時代になってきている**

LESSON 19

相関がわかる

相関はコンピュータが得意な領域です。また、AIで現在主流の機械学習は、相関の考え方が背後にあります。相関が理解できていることは、今後ますます重要になってきます。では、「相関」とはそもそも何なのでしょうか。どのように使っていくものなのでしょうか。

人材開発部に所属するあなたは、今後の研修を考えていかなければなりません。手始めに、先日行われた社内での能力測定試験から、論理思考とコミュニケーション能力の関係性を調べるため、散布図を作成しました（横軸を論理思考力の点数、縦軸をコミュニケーション力の点数）。

論理思考力が高ければ、コミュニケーション力も高いと考えてもよさそうなのは、A B C Dのどれでしょうか。また、逆に、論理思考力とコミュニケーション力は関係なさそうと考えてもよいのは、A B C Dのどれでしょうか。

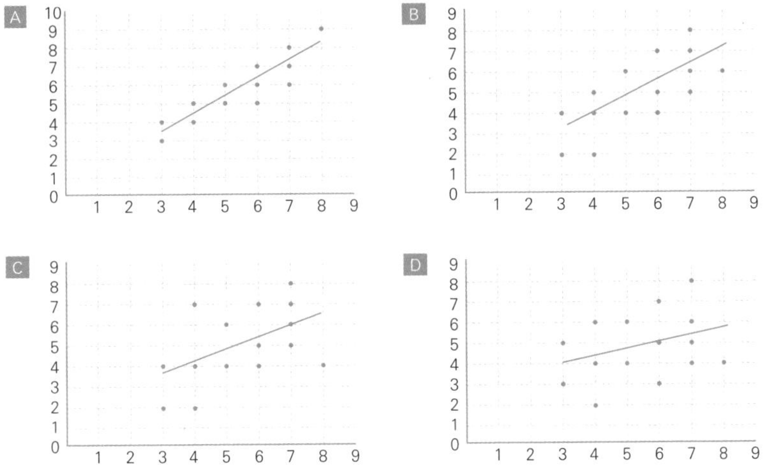

論理思考力とコミュニケーション力に関係性があるとすると、論理思考力があがっていくとコミュニケーション力もあがり、逆に論理思考力が低いとコミュニケーション力も低い、つまり、右肩上がりのグラフになっていると考えられます。

右肩上がりでデータもバラついていないのはA、Aであれば、論理思考力とコミュニケーション力には関係があると考えてよさそうです。Bも右肩上がりですが、Aと比べると、データがややバラついた感があります。

逆にDは、全体的にデータが散らばっており、論理思考力が高くてもコミュニケーション力の低い人、コミュニケーション力は高くても論理思考力が低い人も見受けられます。あまり関係がなさそうと考えてもよさそうです。Dと比べるとCは、若干の右肩上がりの傾向が読み取れなくはないですが、A、Bと比べるとやや弱い印象です。

ここで相関について、説明をしておきましょう。ある要素Xが変化するともうひとつの要素Yが、Xの変化に伴って同じように変化していく場合、この2つの要素には相関関係があると言います。

Xの増加に伴って、Yが増加する場合を正の相関、Xの増加に伴って、Yが減少する場合を負の相関と言います。

論理思考力とコミュニケーション力が相関する場合、論理思考力が高い人はコミュニケーション力が高いという傾向がみられるということになります。

相関があるかどうかを判断する指標は相関係数（Rで表します）と呼ばれ、相関係数によって、以下のような解釈がなされています。（正の相関の場合）

・0.9以上　非常に強い強い相関がある
・0.7～0.9　強い相関がある
・0.5～0.7　相関がある
・0.3～0.5　弱い相関がある
・0.3未満　相関がない

先ほどのAからDの散布図の状態は、それぞれ、相関係数が0.9、0.7、0.5、0.3。Aは非常に強い相関、Bは強い相関がある、Cは相関がある、Dは弱い相関がある、という状況でした。

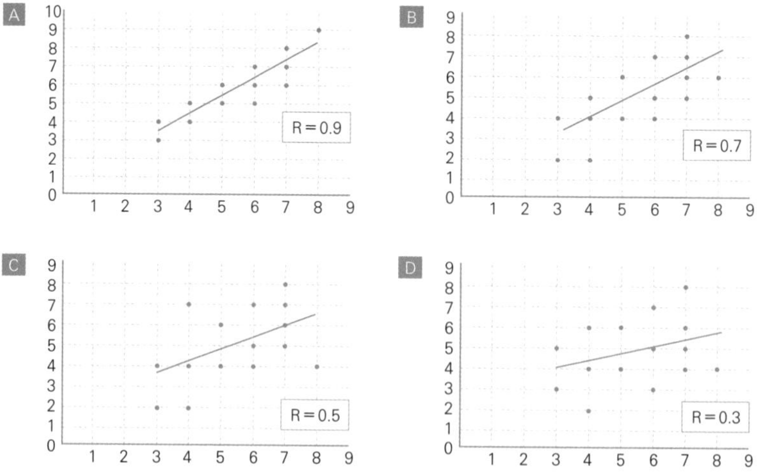

相関係数は、表計算のソフトで直接計算することもできますが、必ず、以下の2つの手順をきちんと踏んでいくようにしましょう。

POINT

❶ 散布図を描く
❷ その上で、相関係数を計算する

❶散布図を描く

相関係数を計算する前に、散布図を描くようにしてください。視覚的に得られる情報は、絶大です。データの分布がどのような傾向なのかをみるようにしましょう。「右肩上がりなのか」、「右肩下がりなのか」、もしくは、「バラついているのか」を確認するようにしてください。

また、場合によっては、データがいくつかのグループになっている場合もあります。これらは、相関係数という数値だけでは判断できない内容です。

❷その上で、相関係数を計算する

散布図で傾向を理解した上で、「相関係数」として、どのような値になっているかを確認するという癖をつけましょう。

以下の2つの散布図は、いずれも相関係数は「0.5」ですが、分布の様子は違っています。

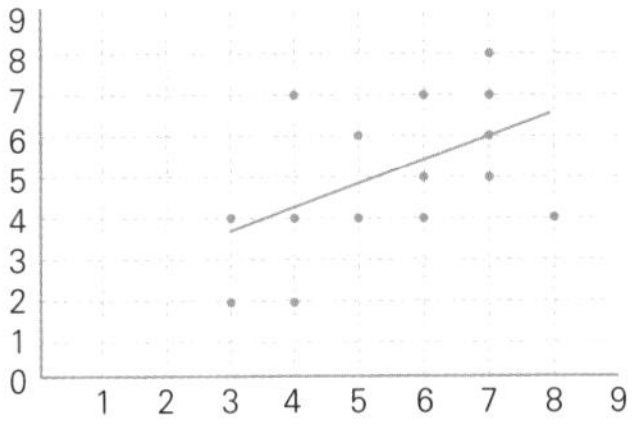

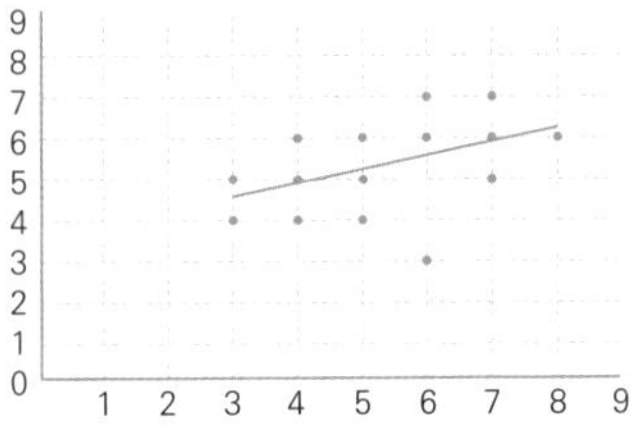

演習問題１

店舗のスタッフの人数と売上（店舗毎）に相関があるのかを調べてみることにしました。

X軸は店舗スタッフの人数、Y軸は店舗毎の売上／月（百万円）です。下図の散布図から、どのような解釈ができるか考えてください。

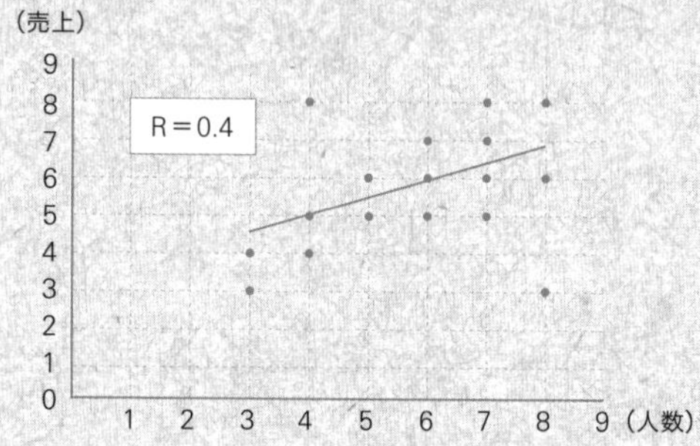

解答

散布図をみると、右肩上がりの傾向はみて取れなくはないですが、顕著ではありません。また、相関係数も0.4と高い数値ではありません。したがって、スタッフの人数と売上は、あまり相関しない、スタッフの人数が多くても売上があがるとは限らないという解釈をすることができそうです。

演習問題２

では、次図であったら、どのような解釈になるでしょう。

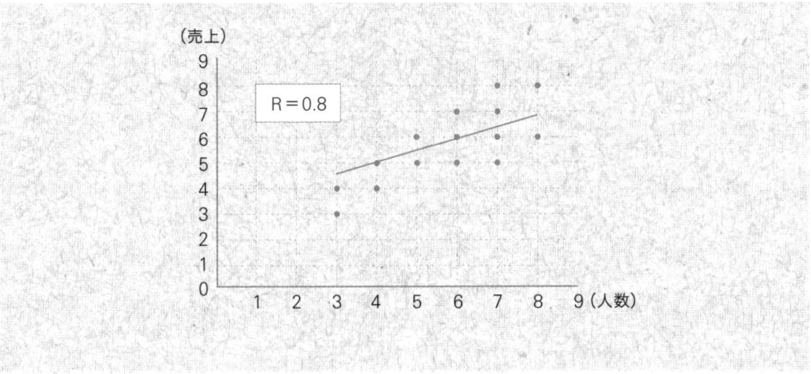

解答

こちらのグラフのような状態であれば、右肩上がり、相関係数も0.8と比較的高い値になっています。したがって、店舗スタッフの人数が多いと売上はあがるという解釈をすることが可能です。

さて、今、確認をした2つのグラフ、実は元データは同じです。違いは、2つのデータの有無です。

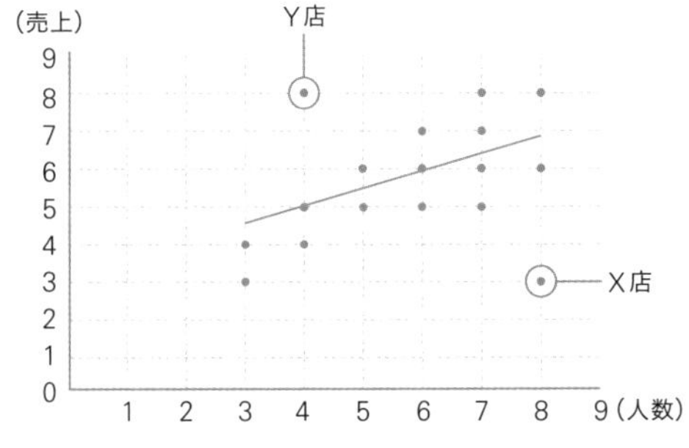

店舗のスタッフの人数が多いにもかかわらず売上が高くないX店と、店舗のスタッフは少ないにもかかわらず売上が高いY店のデータがあるかどうかの違いです。

この2店を特異点としてデータから除くと、全体的な傾向として、スタッフの人数と売上は相関すると考えることもできるということになります。

そうすると次に考えなければならないことは、2店を特異点として他のデータと分けて考えてもよいかどうかです。

では、どのような場合に、人数が多い割に売上が高くないということが発生しそうか（X店）、人数が少なくても売上が高いということが発生する可能性があるか（Y店）をそれぞれ考えてみましょう。

（X店）

・チームワークがよくない
・店長が替わったばかりで方針が徹底されていない
・人数は多いが実質的には稼働していない人が数名いる　等

（Y店）

・人数は少ないが、ベテランが多く、接客スキルが極めて高い
・店長のノウハウが優れており、他店にない工夫がされている
・立地条件が特殊で顧客に恵まれている　等

他の店舗とは異なる傾向になる理由が複数考えられます。実際に、今洗い出した可能性をきちんと検証し、もしいずれかが該当するのであれば、X店とY店は特異点として除くこともできます。その場合は、X店とY店を除いた散布図を全体的な傾向として採用することになります。

このような特異点を見つけることができるのは、先にまとめたように、散布図を描いて視覚化しているからです。表のデータから特異点を判別することも、できなくはないですが、データ数が増えてくると難しくなります。相関係数を直接計算する前に散布図を描く理由はここにあります。

特異点として除外する際には、次の3つの視点を持っておくとよいでしょ

う。
・散布図上、視覚的に他の集団からはずれてみえる
・特異点の数が、全体数に対してそれほど多くない
・特異点を除外できる定性的な理由がある

初期データは、たまたま得られただけの可能性もあります。全体をひとつのデータとして扱うべきなのかどうかについて、判断するようにしましょう。

STEP UP!

気温と来店客数は相関するのかという仮説を検証するために、散布図を作ってみました。横軸が気温、縦軸は一日の平均来店客数です。どのような解釈ができるでしょうか。

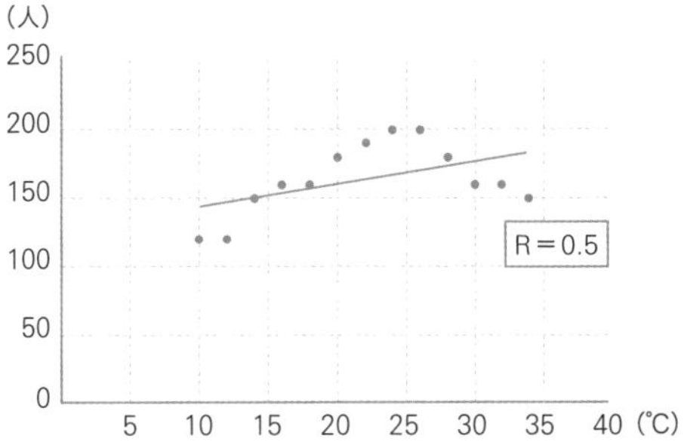

相関係数は、0.5です。高い数値ではありませんが、気温と来店客数は相関があると考えられなくもありません。

一方で、そもそも気温と来店客数がどのように変化するかを考えてください。おそらく寒くなると減る、暑くなっても減るということが予想されます。

本来考えるべきことは、「気温と来店客数は相関するか」ではなく、「来店客数が増える適温があるか」ということになります。

どうしても手元にデータがあるとグラフ化して、グラフからどんな解釈ができるかを考えてしまいます。しかし、注意をしないと、グラフを正として、グラフに解釈をつけようと考えてしまいます。
そうならないためにも、グラフ化する前に、そもそもどういう関係性になるのかを先に考えた上で、グラフ化するようにしていきましょう。

先ほどの散布図はすべてのデータを基に作成をしていました。しかし、本来は、ある気温までの傾向と、ある気温以降の傾向の左右の2つの散布図に分けて考えるほうが自然です。
実際に、25度を境にして、それよりも温度が低い場合と高い場合に分けて散布図を描いてみると、以下のようになります。相関係数の絶対値はいずれも0.95と良好な値となります。

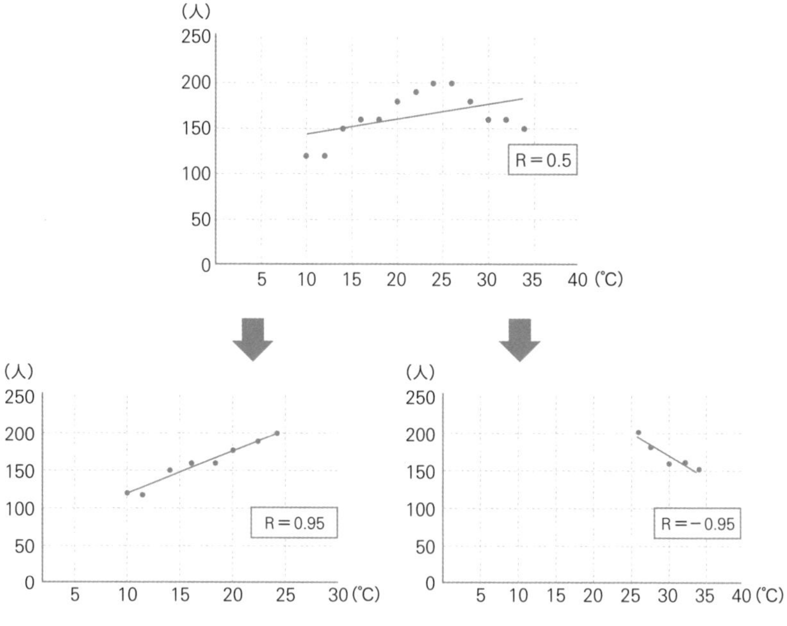

相関係数は、あくまでも指標のひとつに過ぎません。**定性的な意味合いを合わせて考えることが重要**です。その際には、そもそも「どの範囲のデータを同一と見なしたらよいのか」を考えるようにしましょう。そのためには、「グラフを描いて、眼で判断すること」が重要になってきます。そして、これらの判断は、実は人だからこそできる役割でもあります。

散布図を描く、相関係数はコンピュータに任せ、一方で、人が考えなければならないことをしっかりと理解し、相関を上手く使っていきましょう。

まとめ

- 相関の算出はコンピュータが得意とするところ
- 相関係数だけに頼らないことが重要。必ず散布図を描いてみること
- 散布図を描く前に、どのような分布になっている可能性があるのかをしっかり考えること
- すべての情報を一律に扱う必要はない。特異点を除外したり、グループに分けることも可
- 定性的な解釈も重要

LESSON 20

AIがわかっている

AIで今、主流になっている「機械学習」は、これまでのアプローチとは一線を画すものです。そして、データを活用することで、これまで得られなかった「答え」を得ることができます。また、今後も、さらに、発展していく可能性の高いアプローチです。では、その機械学習とは、具体的にどんなアプローチなのでしょうか。

機械学習の話の前に、これまで、コンピュータへの指示をどのように作ってきたかについて説明します。コンピュータへの指示を考えるときに必要な要素は3つです。どういう入力（インプット）に対して、どのような手続き（アルゴリズム）を実行して、どんな出力（アウトプット）をするかです。

この中で一番大事なのが、アルゴリズムです。ある入力（インプット）に対して、どのような手続きにすれば、求めたい結果（アウトプット）を導き出すことができるのか。

この手続き（アルゴリズム）をしっかり考えることがコンピュータへの指示の根幹になります。そして、このアルゴリズムを人が一生懸命考えてきたというのが、これまでのアプローチでした。

これまでのアプローチ

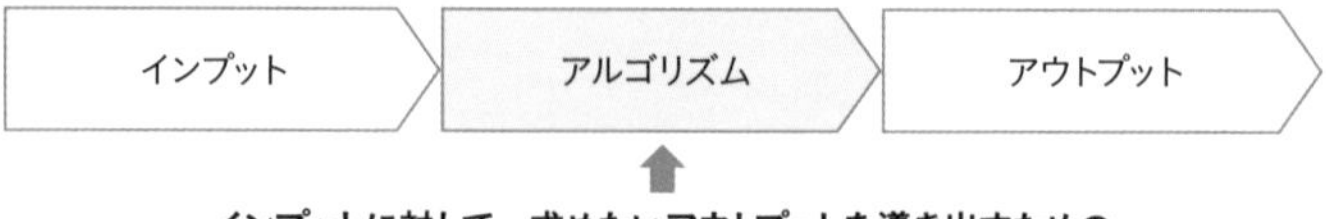

インプットに対して、求めたいアウトプットを導き出すための
アルゴリズム（ロジック）を一生懸命人が考えていた

一方、機械学習は、根幹となる手続き（アルゴリズム）を人ではなく、コンピュータが「学習」によって自分で作るというアプローチです。コンピュータが、大量のインプットデータとそれに対応する大量のアウトプットデータから、インプットとアウトプットの間の関係性を算出するといったイメージになります。

そうなると、**人がやるべきことは、アルゴリズムを考えることではなく、大量の入力データと大量の出力データを準備すること**になります。そして、コンピュータ自体が、人が与えた大量のデータから、インプットとアウトプットの間の関係性、つまりは、アルゴリズムを見つけるというアプローチになります。

機械学習のアプローチ

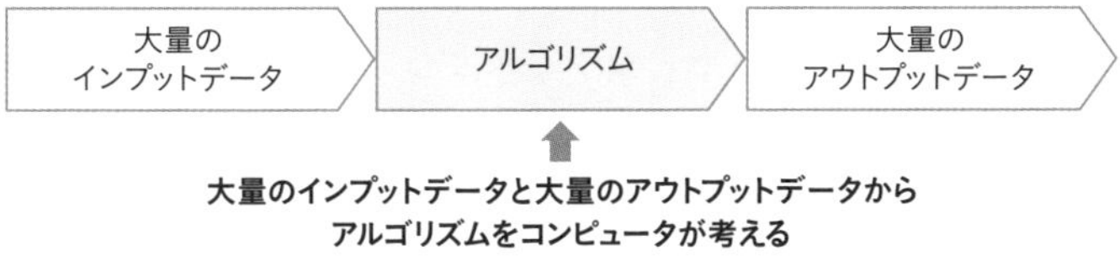

事例で補足しておきましょう。

たとえば、インプットを顔写真として、アウトプットとして、その顔が、怒っているのか、笑っているのか、泣いているのかを判別する表情認識のアルゴリズムを作成するとしましょう。

この場合、これまでのアプローチでは次図のように顔写真の要素を分解し、どこをどのように注目すればよいかを指定していました。そして、どういう条件の場合には「怒っている」と判断し、どういう条件の場合には「笑っている」と判断するかを人が考えてアルゴリズムを作っていました。

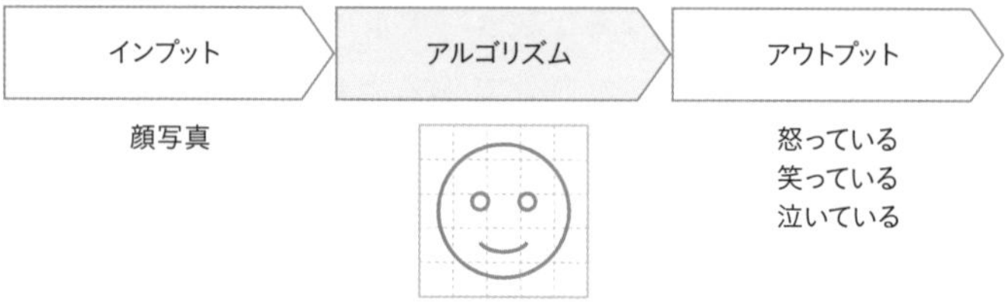

人がどこの要素をどう
みればよいかを細かく指定

これに対して、機械学習のアプローチでは、インプットとアウトプットのデータを準備することが最初の一歩になります。多数の顔写真をインプットデータとして用意します。そして、その写真に写っている表情が、「怒っているのか」「泣いているのか」を判断し、アウトプットデータとしていきます。

いわば、表情（アウトプット）をラベルとして写真（インプット）に貼っていくようなイメージです。そして、インプット（顔写真）とアウトプット（表情のラベルがついたもの）を大量にコンピュータに入力します。その結果、大量のデータを参考に、表情を判別するアルゴリズムをコンピュータが考えてくれるというものになります。

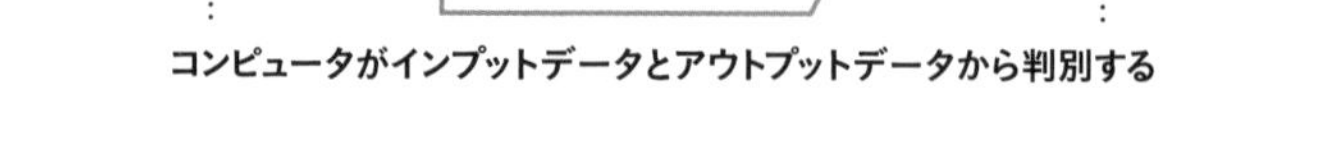

コンピュータがインプットデータとアウトプットデータから判別する

機械学習のアプローチでアルゴリズムをコンピュータに考えさせるための手順は以下になります。

POINT

❶ アウトプットを何にするかを決める

❷ インプットを何にするかを決める

❸ アウトプットとインプットの組み合わせを多数用意する

❶アウトプットを何にするかを決める

先ほどの事例では、顔の表情でしたが、たとえば、「売上額」をアウトプットにすることも可能です。目標として明確で、かつ、定量化という観点からも金額で表現することができるという点で、非常にわかりやすいアウトプットです。

一方で、たとえば「学び」はどうでしょう。学んだかどうかをアウトプットとすることは、方向性としては悪くはないアプローチです。しかし、何をもって学べたとするのかは、なかなかよい定義が見つかりません。

これまでは、テストの点数を学べたかどうかの結果の指標としてきましたが、あくまでも記憶の確認という意味合いでしかありません。定義と具体的にどう定量化するのかをしっかりと考えなければなりません。

このように、**実務では、このアウトプットを何にするかが実は一番大切な作業になります。**

「何が求めるアウトプットなのか」、「そのアウトプットは何で測れるのか」、そして、「どう定量化できるのか」をしっかりと考えていく必要があります。

❷インプットを何にするかを決める

アウトプットが決まったら、そのアウトプットに影響を与えそうなインプットを洗い出すということが必要です。データが多いほど、アルゴリズムの精度は高くなります。また、大量のデータの処理はコンピュータが得意とすることでもあります。したがって、アウトプットに影響を与えそうなインプットは、できるだけ多く洗い出すことを意識しましょう。

ただし、アウトプット同様、インプットも最後は定量化が必要です。具体的にどのように定量化できるかも並行して意識しながら、洗い出していきましょう。

❸アウトプットとインプットの組み合わせを多数用意する

アウトプットとインプットが決まったら、そのデータの組み合わせを多数準備し、それらのデータを入力することが、最後のステップになります。

ここで必要になるのは、インプットとアウトプットの大量のデータです。インプットのデータとアウトプットのデータが、既に両方揃っているものは問題ありません。また、既にどこかに情報として存在していて、それらを収集してくればよいという場合も問題ありません。

一方で、新たにデータの収集をしなければならない場合は、後々のことも踏まえ、恒常的にデータ取得が可能かという視点も併せて考慮しておく必要があります。

演習問題

あなたは、人材育成会社に勤務。社会人に対して、自社の講座を受講してもらうことがメインの担当です。上司から、受講希望者にどんな講座を提案したらよいのかをAIを使って判断できるようにしてくれないかと依頼を受けています。誰にどんな講座が売れたかの過去実績は手元にあります。

結果として、何が売れそうか（何を薦めればよいか）がアウトプットとして出てくるAIを作りたいと考えたとき、何がインプットとなりそうですか。お薦めの講座に関係がありそうな、項目をいくつか考えてみてください。

解答

所属企業に関する情報としては、業種、職位、部門、企業規模、受講者に関する情報としては、年代、性別などが関係している可能性があります。

たとえば、下図のようなインプットとアウトプットのデータを揃えることができたら、それらをインプットデータとアウトプットデータの組み合わせとして、コンピュータに入力することになります。

すると、業種、職位、部門、企業規模、購入者年齢をインプットとして入力して、過去の実績データからコンピュータが学習した結果を踏まえ、どの科目がよいのかをアウトプットとして薦めてくれることになります。

インプット				
業種	職位	部門	企業規模	購入者年齢
流通	部長	開発	100	40代
メーカー	課長	研究	1000	30代
製造	係長	営業	2000	30代
化学	係長	マーケ	10000	50代
教育	課長	営業	5000	30代
金融	部長	企画	1000	50代
官公庁	部長	営業	300	40代
化学	課長	企画	300	40代
製薬	係長	管理	200	40代
金融	社員	研究	30	30代
流通	部長	製造	500	40代
IT	社員	管理	3000	50代
コンサル	社員	開発	7000	40代
精密	社員	研究	200	30代
化学	係長	製造	2000	40代
製薬	課長	営業	1500	40代
メーカー	部長	営業	5000	30代
金融	係長	マーケ	10000	50代
商社	社員	研究	100	50代
メディア	部長	開発	200	40代

アルゴリズム

アウトプット
科目
ロジカル・シンキング
経営戦略
マーケティング
ファイナンス
アカウンティング
リーダーシップ
マーケティング
アカウンティング
ロジカル・シンキング
経営戦略
ファイナンス
リーダーシップ
マーケティング
経営戦略
ファイナンス
ファイナンス
ロジカル・シンキング
リーダーシップ
経営戦略
マーケティング

STEP UP !

学習という意味では実は、ここでとどまりません。コンピュータが薦めた科目を推薦した結果、それが最終的に売れたのか、もしくは、違う科目になったのかという結果をさらにデータとして蓄積していくことができます。すると、どのように売れたのかというデータがさらに溜まっていくことになります。

そうすることで、溜まったデータが次の学習につながるという好循環が生まれていきます。

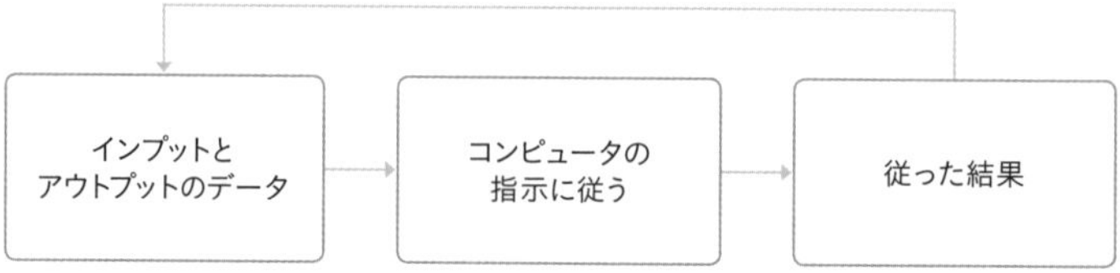

したがって、**どんなに最初は粗くとも、始めてみることが大切**です。最初は、データ数も少なく、その結果、アウトプットの精度もそれほど高くはないという状態にはなります。

しかし、始めてしまえば、データはさらに集まってくるものです。そうすると、データが更なる価値を生むという循環がやがて生まれてきます。スピード重視で着手していくようにしましょう。

これまでは、人が、アルゴリズムを考えてきました。データを用意すればアルゴリズムはコンピュータが導き出すことができるというアプローチは、これまでになかったものです。

しかも、大量になればなるほど、精度もあがっていくという画期的な手法でもあります。これからは、**この新たなアプローチを使いこなせるか否かで、成果が格段に違ってきます。**

機械学習とはどのようなアプローチなのかという理解と、アウトプット、インプットのデータ化が肝であることをしっかり押さえておきましょう。

まとめ

- 機械学習はコンピュータがアルゴリズムを作るというこれまでになかったアプローチ
- 大量のインプットとアウトプットデータからアルゴリズムがコンピュータによって作られる
- 人の役割は、アウトプットとインプットの定義とデータの準備
- アウトプットをどう定義するかと定量化の方法が最も重要
- 溜まったデータが更なる価値を生むので始めることが大切

卒業試験

では最後に卒業試験です。

「使っていくことが大事、なぜなら、積み重ねると力がつくから」について、ここまで学んだことを使って、その根拠を強めてみてください。

まずは、「根拠を具体化する」（p.8）でしたね。「積み重ねると力がつく」を具体化していきましょう。具体化の方向性は、状況の付与と定量情報の提示。そこで、まずは状況の付与をしてみます。どのように積み重ねるといいのかを具体化し、「【日々】積み重ねると力がつく」と具体化します。

次に定量情報を考えてみましょう。ここでは、「手触り感のある「数字」にすることは重要」（p.80）の発想を使って「日々積み重ねると力がつく」が具体的にどの程度なのかを計算してみましょう。日々を毎週、そして、前の週と比べて、1%だけ成長できたとします。1年は52週ですから、1.01の52乗を計算すると

$(1.01)\times(1.01)\times(1.01)\times\cdots\cdots\times(1.01)=1.68$　になります。

つまり、毎週、その前の週より1%だけ成長できるように努力を続けていくことができれば、1年後には約1.7倍の能力が身についているということになります。

次に「複数の可能性を試行錯誤して考える」（p.57）の発想にもとづいて、

成長の程度を変えてみます。さきほどは、前の週と比べて、1%だけ成長できたと仮定しましたが、これをもう少し頑張ることを前提に、3%成長できたと仮定して計算します。さきほどと同様に、1.03の52乗を計算すると、4.65になります。

さらに、「逆の情報を押さえることが、結果的に根拠を強めることにつながる」(p.29) の発想のもとに、逆に毎週1%ずつさぼってしまった場合も計算しておきます。今度は、0.99の52乗を計算すると0.59になります。

たった1%であっても毎週成長し続ければ、1年後には約1.7倍の能力が身についている可能性があります。そして、成長を3%まであげられれば、約4.7倍とさらに大きく成長できることがわかりました。逆に、成長がマイナスになってしまうと、それがたとえ1%の小さなものであったとしても、1年後には約0.6、40%のものを失ってしまうことになってしまいます。

最後に「グラフに仕事をさせましょう」(p.141)。時系列のグラフ、連続性があっても違和感のないデータですので、折れ線グラフがよさそうです。

[使っていくことが大事。日々、積み重なると力がつくから]

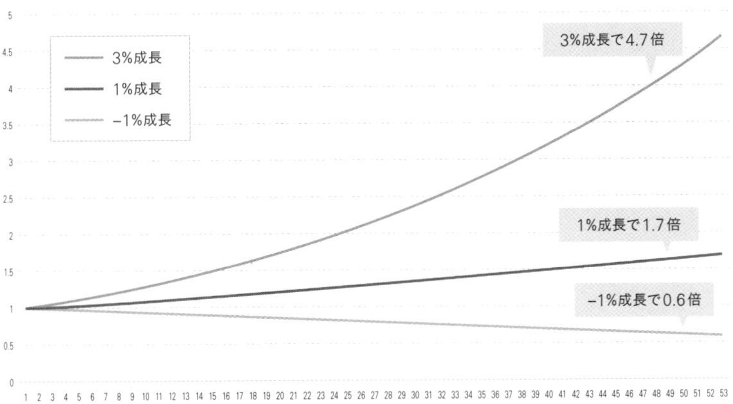

「使っていくことが大事、なぜなら、積み重ねると力がつくから」の根拠を強めることができました。

では、今考えたことを振り返りながら、これから、実践で使っていくにあたって、何を意識すればよいかを押さえておきましょう。ポイントは3つです。

❶身近なテーマを題材にしましょう

今回とりあげたような、たとえば「使っていくことが大事、なぜなら、積み重ねると力がつくから」といった身近なテーマを題材にしていきましょう。実践のために、何か特別な案件を探そうとするのではなく、日常で「ちょっと頭に浮かんだこと」、「誰かにちょっと伝えたいこと」で十分です。より良くしていくためには、どうしたらよいのかを2分でも3分でも構いませんので、考えるようにしてください。そうした、1日のちょっとの思考投入が1年後に大きな変化をもたらします。

❷複数の考え方を組み合わせて使っていきましょう

この卒業試験でも、途中で紹介したように、随所に複数の考え方を取り入れてきました。逆にひとつの思考技術だけで完結するということの方が稀です。順番や組み合わせについては一意にやりかたが決まっている訳ではありませんので、手順化は難しいですが、積極的に使えそうな考え方を複数持ち込んでいくようにしましょう。

❸根底にある考え方を活かして、応用していきましょう

前述とも関係しますが、卒業試験で紹介した考え方は、各「LESSON」の中で紹介したものと全く同じではありません。たとえば、CHAPTER 2のLESSON 06（p.57）で用いた、「複数の可能性を試行錯誤して考える」は、様々な分け方を試してみようということでした。今回は、分けてみた訳ではないですが、根底にある考え方は、いくつかの数値で試してみることです。そこで、1%だけでなく3%も計算してみました。CHAPTER 1のLESSON 03（p.29）で用いた「逆の情報を押さえることが、結果的に根拠を強めることにつながる」も、

同じ性質の例では必ずしもありません。根底にある考え方「逆を考えておこう」という発想を使い、プラスだけではなく、マイナス側も計算しています。

このように根底にある考え方を活かして、応用して使っていってください。そうすることによって、適用範囲を広げていくことができ、それが、日々、実践する環境をより多く作っていくことにつながります。

「使っていくことが大事、なぜなら、積み重ねると力がつくから」！

ここからは、みなさんの日常が実践の場、是非、様々なテーマ、そして状況で活用し、ロジカル・シンキングを楽しんでいってください。

あとがき

緊急事態宣言下に、まさかこうしてあとがきを書いていることになろうとは、原稿を書きだした、令和元年7月はおろか、令和2年、年が明けた頃に初校ができあがったタイミングでも予想さえしておりませんでした。このような歴史的な状況下においても、こうして出版の機会をいただけていることに感謝です。

今回の本のきっかけは、2年前に作成した、25問のドリルにあります。「ちょっとしたことだけど、大事なこと」をどうすればしっかりと記憶に定着させることができるのか。そのために、インターネット上で回答ができる、10分程度の演習を作成しました。その後も、自分が担当するクラスの中で、継続的に取り組んでもらい、思考力強化のための手段として一定の手応えを感じているものです。

今回は、それを書籍という媒体で表現してみました。どれだけ、なるほど感を持っていただけたかは、みなさんに委ねる形となりますが、ひとつでもふたつでも今後へつながる頭の使い方のヒントをご案内できていると幸いです。

最後に、読み手の立場からどうあるといいのかという視点で、丁寧にサポートいただいた東洋経済新報社の若林千秋氏、数々の出版経験を踏まえアドバイスをしてくれた同僚の嶋田毅氏、クラスの中で積極的に取り組んでくれた多くの仲間、そして、2年前の夏、ドリルのモニターとして25日連続で演習に取り組んでくれた仲間に感謝の意を述べ、筆をおきたいと思います。

令和2年4月

[参考図書]

新井紀子著
『AI vs. 教科書が読めない子どもたち』東洋経済新報社、2018年

草野俊彦著
『教養としてのプログラミング的思考』サイエンス・アイ新書、2018年

グロービス著、鈴木健一執筆
『定量分析の教科書』東洋経済新報社、2016年

グロービス著、吉田素文執筆
『ファシリテーションの教科書』東洋経済新報社、2014年

グロービス経営大学院著
『改訂3版　グロービスMBAクリティカル・シンキング』ダイヤモンド社、2012年

齋藤嘉則著
『新版　問題解決プロフェッショナル』ダイヤモンド社、2010年

竹内薫著
『数学×思考＝ざっくりと』丸善出版、2014年

照屋華子・岡田恵子著
『ロジカル・シンキング』東洋経済新報社、2001年

西内啓著
『統計学が最強の学問である　実践編』ダイヤモンド社、2014年

バーバラ・ミント著、山﨑康司訳、
グロービス・マネジメント・インスティテュート監修
『新版　考える技術・書く技術』ダイヤモンド社、1999年

矢野和男著
『データの見えざる手』草思社文庫、2018年（単行本：2014年）

【著者紹介】

グロービス

1992年の設立以来、「経営に関する『ヒト』『カネ』『チエ』の生態系を創り、社会の創造と変革を行う」ことをビジョンに掲げ、各種事業を展開している。
グロービスには以下の事業がある。

- グロービス経営大学院
  - ・日本語（東京、大阪、名古屋、仙台、福岡、オンライン）
  - ・英語（東京、オンライン）
- グロービス・マネジメント・スクール
- グロービス・コーポレート・エデュケーション
  （法人向け人材育成サービス／日本・上海・シンガポール・タイ）
- グロービス・キャピタル・パートナーズ（ベンチャーキャピタル事業）
- グロービス出版（出版／電子出版事業）
- GLOBIS知見録／GLOBIS Insights（オウンドメディア、スマホアプリ）

その他の事業

- 一般社団法人G1（カンファレンス運営）
- 一般財団法人KIBOW（震災復興支援活動、社会的インパクト投資）
- 株式会社茨城ロボッツ・スポーツエンターテインメント（プロバスケットボールチーム運営）

【執筆者紹介】

岡　重文（おか　しげふみ）

グロービス経営大学院教授。京都大学大学院工学研究科応用システム科学専攻修士課程修了。工学修士。NTTデータに入社。プライスウォーターハウスクーパースを経て、2000年、グロービスに入社。企業研修担当、e-Learning事業の立ち上げに関与したのち、経営管理本部にて、情報システム部門ならびに人事・総務を統括。現在は、ファカルティ本部にて、コンテンツの開発や講師の育成業務に関わる。思考領域の責任者。著書に、『ロジカル・シンキング』（PHP研究所）。

入社1年目から差がつく　ロジカル・シンキング練習帳

2020年7月9日　第1刷発行
2023年4月28日　第7刷発行

著　者――グロービス
執筆者――岡　重文
発行者――田北浩章
発行所――東洋経済新報社
〒103-8345　東京都中央区日本橋本石町 1-2-1
電話＝東洋経済コールセンター　03（6386）1040
https://toyokeizai.net/

ブックデザイン……成宮　成［dig］
ＤＴＰ…………坂本弓華［dig］
印　刷…………港北メディアサービス
製　本…………積信堂
編集担当………若林千秋

ISBN 978-4-492-53424-3